CLAUDIA SCHUH / HEIDI WERDER · DIE MUSE KÜSST – UND DANN?

CLAUDIA SCHUH / HEIDI WERDER

DIE MUSE KÜSST – UND DANN?
LUST UND LAST
IM KREATIVEN PROZESS

KARGER

Basel · Freiburg · Paris · London · New York ·
Bangalore · Bangkok · Singapore · Tokyo · Sydney

Bibliografische Information der Deutschen Bibliothek:
Die Deutsche Bibliothek verzeichnet diese Publikation
in der Deutschen Nationalbibliografie; detaillierte bibliografische
Daten sind im Internet über <http://dnb.ddb.de> abrufbar.
ISBN-10: 3-8055-8106-8
ISBN-13: 978-3-8055-8106-6

© Copyright 2006
by S. Karger Verlag für Medizin und Naturwissenschaften GmbH
Postfach, D-79095 Freiburg
und S. Karger AG. Postfach, CH-4009 Basel
Gesamtgestaltung: Michael Wiesinger, Freiburg
Printed in Germany by Pericolini Design & Production eK, Lahr.
ISBN-10: 3-8055-8106-8
ISBN-13: 978-3-8055-8106-6

INHALT

Während der Beschäftigung mit diesem so besonderen Buch geschah es, dass ich plötzlich auch vom Kuss der Muse berührt wurde. – Und dann? Jedenfalls war sie es, die mich in den Inhalt dieses Buchs hineinzog. Vielleicht war es aber auch »Bettina, die Einfühlsame«, die im Verein mit der Muse »Kim, den Eigenständigen«, mit »Marlies, der methodischen« und letztlich auch mit dem »spontan-impulsiven Linus« zusammenbrachte. Das alles klingt im Moment noch rätselhaft. Falls aber der Leser/die Leserin sich in den Text einlassen kann, wird er oder sie diese vier vorwiegend innerseelischen Figuren bald in ihrem komplexen Zusammen- und Gegenspiel kennen lernen. Vielleicht ist es die von den Autorinnen erfundene zehnte Muse, die einiges an der paradoxen Bedeutung dieses kreativen Spiels vermitteln kann, das sich gleichzeitig harmonisch und spannend-konfliktreich gebärdet.

Das Besondere dieses Buchs besteht darin, dass es zwei Ebenen menschlicher Erfahrung zugleich ins Blickfeld rückt. Einerseits geht es wesentlich um die seelische Gratwanderung, die zur gestalterischen Arbeit zu gehören scheint, und die Autorinnen warnen zurecht, dass dabei auftretende Krisen und Grenzzustände nicht gleich pathologisiert werden sollten. Oft handelt es sich vielmehr um notwendige Durchgangsstadien. Andererseits kann Erfahrung an gestalterischer Arbeit auch auf allgemeinmenschliche Entwicklungs- und Reifungsprozesse übertragen werden. Dafür werden viele Beispiele gebracht, unter anderem auch eine einleuchtende Interpretation des Grimm-Märchens von den drei Federn.

Es sind immer wieder die Beispiele aus dem Erfahrungshorizont der Autorinnen, die das Thema so glaubhaft und anschaulich machen. Zugleich ist es offensichtlich, dass den Autorinnen, neben diesen Erfahrungen auch eindrückliches Wissen sowohl auf dem Gebiet der Kunstpädagogik als auch in Bezug auf Theorien analytischer Psychologie und Psychotherapie zur Verfügung steht. Dies Wissen, unaufdringlich und mit leichter Hand beschrieben, trägt viel zum Verständnis bei. Tiefenpsychologisch fundiert ist auch die differenzierte Berücksichtigung der individuellen Unterschiede zwischen den Menschen, die sich ja besonders in kreativer Gestaltung ausdrücken, wobei oftmals auch ein Licht auf allgemeine Lebens- und Reifungsthemen fällt. Dieses Problem wird versuchsweise und in aller Offenheit anhand einer passend erscheinenden psychologischen Typologie abgehandelt, einer Mischung Riemannscher und Jungscher Gesichtspunkte.

Ich meine, dass dieses Buch nicht nur äußerst sensibel gestalterische Prozesse und ihre seelischen Begleiterscheinungen beschreibt. Es ist auch die Art und Weise seiner Darstellung und Gestaltung selbst, in der sich die vielschichtigen Erlebensweisen kreativer Prozesse beispielhaft abbilden.

Es bleibt zu wünschen, dass dieses anregende Buch viele Leser zum Wagnis ermuntern werde, sich für einen Kuss der Muse bereit zu halten.

MARIO JACOBY
Langjähriger Lehranalytiker und Dozent am C.G. Jung-Institut, Zürich,
ab Herbst 2006 Dozent im ISAP,
International Scool of Analytical Psychology Zurich
Zürich im Februar 2006

Es ist von Glück zu sprechen, dass die Antwort auf die von den Autorinnen Claudia Schuh und Heidi Werder gestellte Frage »Die Muse küsst – und dann?« nun in Buchform vorliegt.

Nach Jahren inspirierter Forschungs- und Entwicklungsarbeit haben Heidi Werder und Claudia Schuh ein viel versprechendes Buchmanuskript vorgelegt, das Lehrenden aus dem Gebiet der Gestaltung und Kunst ermöglichen sollte, auf der Basis psychologischer Einsichten ihren Unterricht tiefer fundieren zu können. Nachdem Heidi Werder nach kurzer schwerer Krankheit verstorben war, hat Claudia Schuh die Energie aufgebracht, alleine weiterzuarbeiten und die Arbeit bis zur Veröffentlichung des vorliegenden Buches voranzutreiben

Ein Großteil der Erfahrungen die der Arbeit zu Grunde liegen, ist aus der Zusammenarbeit mit Schülerinnen, Schülern und Studierenden, Jugendlichen und Erwachsenen an der Hochschule für Gestaltung in Zürich gewonnen worden, wo Claudia Schuh als Dozentin in unterschiedlichen Bereichen seit 1985 tätig ist. Sie reflektiert ihre Lehrtätigkeit und ihre theoretische Arbeit, deren Basis sie nun offen legt, indem sie zeigt, wie schöpferische Vorgänge bei Jugendlichen und jungen Erwachsenen verlaufen. Sie beobachtet und interpretiert die ablaufenden Prozesse als subtile Vorgänge zwischen Lernenden und Lehrenden und stellt die gestalterische Arbeit in einen entwicklungspsychologischen Zusammenhang. Von großer Bedeutung war dabei die Zusammenarbeit und der Austausch mit Heidi Werder, die als Psychotherapeutin und Lehranalytikerin am C.G. Jung-Institut aus ihrer Erfahrung das Thema erweiterte und mit viel Berufs- und Lebenserfahrung bereicherte.

Mit dem vorliegenden Buch schließen die Autorinnen eine Informationslücke, indem sie kreative Prozesse von angehenden Kunstschaffenden oder Gestalterinnen und Gestaltern zum zentralen Untersuchungsgegenstand gemacht haben. Es wäre allerdings zu kurz gegriffen, wenn die Arbeit nur im dargelegten Zusammenhang eingeordnet würde. «Die Muse küsst – und dann?» gewährt in einer Breite Einsicht in kreative Prozesse, dass Lehrende auf allen Stufen der Ausbildung davon angesprochen werden müssten und zur Umsetzung in der eigenen Vermittlungspraxis angeregt werden. Es bietet pädagogisch-psychologische Grundlagen, mit Hilfe derer zeitgemäße gestalterische Unterrichtsvorhaben geplant und initiiert werden können; insofern wird es bei der Entwicklung von Curricula nicht zu übergehen sein.

Die aus der Untersuchung und Analyse kreativer Prozesse gewonnenen Erkenntnisse und Folgerungen sind aber auch von Wert für einen Personenkreis, der weit über den angesprochenen Bereich hinausgeht. Überhaupt ist das Buch höchst lesenswert und für alle, die kreativ tätig sind von Bedeutung, weil es zum Verstehen des eigenen kreativen Prozesses erhellend beiträgt.

PETER EBERHARD Dipl. Arch.,
Dozent an der Hochschule für Gestaltung und Kunst Zürich,
1997-2005 Leiter des Departements Gestalterische Lehrberufe
der Hochschule für Gestaltung und Kunst Zürich
im Februar 2006

Haben Sie auch schon einmal einen Brief geschrieben, ihn nach einer halben Seite wieder zerrissen, es nochmals versucht, nochmals verworfen? Wissen Sie noch, wie Sie als Kind Bleistifte zerkaut haben? Ihr Brief will und will nicht werden, nur der Papierkorb füllt sich. – Sie lassen alles liegen und drehen erst mal eine Runde in Ihrer Wohnung, wollen sich ablenken. Der Ärger blockiert Sie. – Plötzlich sehen Sie die Möglichkeit, den Brief ganz anders zu beginnen, Sie setzen sich nochmals hin und: es fließt und sitzt. Wollen Sie ihn nun abschicken? Oder lieber warten, um zu sehen, ob er Ihnen auch am folgenden Tag noch gefällt?

Das ist ein kreativer Arbeitsprozess. Dieser besteht aus einem äußerlich wahrnehmbaren Vorgang: Schreiben, Seite zerreißen, Bleistift kauen, eine Runde drehen, schreiben. – Gleichzeitig geschieht ein innerer Prozess: nachdenken, ausprobieren, verwerfen, sich ärgern, sich ablenken, neue Ideen entwickeln.

Diesem äußeren und inneren Vorgang gilt unser Interesse. Wenn ein Architekt ein Haus plant und entwirft oder ein Künstler eine Skulptur gestaltet, sind Arbeitsablauf und Resultat konkret fassbar. Anhand des äußeren Vorgangs lässt sich auf den innerpsychischen Prozess schließen. Wenn in einem Betrieb nach effizienteren Lösungen gesucht wird oder wenn jemand beschließt, sein Leben neu auszurichten, so tritt vom inneren Geschehen über lange Zeit kaum etwas zu Tage.

Bei kreativ Gestaltenden ist der Arbeitsprozess konkret sichtbar. Deshalb haben wir ihn als Beispiel gewählt. Die gewonnenen Einsichten helfen uns, das gleichzeitig ablaufende innere Geschehen psychologisch zu erfassen. Damit können wir auch die innerpsychischen Prozesse besser verstehen, welche unser Verhalten in Umbruchzeiten des Lebens prägen.

Was bewirkt der Kuss der Muse? Sie verhilft dem Schöpferischen im Menschen zum Durchbruch. Ein kreativer Prozess kommt in Gang. Wir beschreiben die Stadien dieses Prozesses im Detail. Dabei stützen wir uns vor allem auf die Studien von Mihaly Csikszentmihalyi. Wir haben sein Modell übernommen und um eine weitere Phase ergänzt. Unsere eigenen Beobachtungen beruhen auf schriftlichen und mündlichen Aussagen von Studierenden der Hochschule für Gestaltung und Kunst Zürich. Wir ergänzen sie mit Künstlerzitaten. Medizinische und neurologische Erkenntnisse über verschiedene Bewusstseinszustände beziehen wir ebenfalls ein.

Beim Verfassen dieses Buches haben wir selbst immer wieder die Stadien eines kreativen Prozesses durchlebt. Dies verhalf uns zu einem vertieften Verständnis der innerpsychischen Vorgänge. Dazu kommt die berufliche Erfahrung als Psychotherapeutinnen im Begleiten von therapeutischen Prozessen. Beim Erläutern der psychologischen Dimension stützen wir uns vor allem auf die analytische Psychologie nach C.G. Jung.

Küsst nun die Muse alle gleich? Anders gefragt: Gibt es verschiedene Arten, auf den Musenkuss zu antworten? Tatsächlich hat der Kuss unterschiedliche Auswirkungen, je nach Charakterstruktur des «Empfängers.» Um beim Bespiel des Briefes zu bleiben: Die einen verfassen einen Brief nach einem sorgfältig erarbeiteten Konzept. Andere wiederum stürzen sich in die Aufgabe und reihen spontan Satz an Satz. Wieder andere beginnen mit einem Satz, streichen ihn, versuchen es von neuem, nähern sich über Streichen und Neuformulieren allmählich dem an, was sie ausdrücken möchten.

Wir haben uns auf die Suche nach Gemeinsamkeiten und Unterschieden in der jeweiligen Reaktion auf den Musenkuss gemacht. Wir suchten nach einer geeigneten Typologie, an Hand derer sich die Arbeitsweise der verschiedenen Charaktertypen möglichst klar herausarbeiten und erklären lässt. Dabei wollten wir herausfinden, wie sich die typologisch geprägten Arbeitsweisen im gestalterischen Arbeitsablauf auswirken. Wir haben uns für eine typologische Darstellung entschieden, im Wissen, dass jede typologische Einteilung künstlich ist und nie der Vielfalt des Lebens gerecht werden kann.

Unter vielen Typologien haben wir diejenige von Fritz Riemann (Grundformen der Angst, 1961) ausgewählt und sie erweitert. Seine Typologie ist jedoch pathologisierend. Riemann hat sein Modell von den wichtigsten psychischen Störungen hergeleitet. Er unterscheidet den schizoiden, den hysterischen, den zwanghaften und den depressiven Typ. Diese Typen sind geprägt durch Ängste, welche Energien blockieren. Das Auflösen dieser typenspezifischen Ängste setzt Ressourcen frei und bringt Kreativität in Fluss. Wir haben das Schwergewicht auf diese Ressourcen gelegt.

Neu bezeichnen wir die vier Typen nach ihren besonderen Begabungen als eigenständig, impulsiv oder spontan, methodisch oder strukturiert und als einfühlsam oder beziehungsorientiert. Jeden der vier Typen begleiten wir im zweiten Teil durch einen kreativen Arbeitsablauf. Damit betreten wir Neuland. Wir zeigen auf, wo die Ängste liegen, und wo sich das dahinter liegende Entwicklungspotential verbirgt.

Kehren wir zurück zu unserem Briefentwurf. Es stockt und geht nicht weiter. Auch im Laufe des Lebens gibt es immer wieder unfreiwillige Stockungen. Der Verlust der Arbeit beispielsweise, ohne Aussicht auf eine neue gleichwertige Stelle fordert eine Neuorientierung. Oder das bis jetzt geführte Leben wird leer und sinnlos. Was nun?

Es ist wie beim Schreiben des Briefes: der Entwurf ist unbrauchbar geworden. Wir müssen uns nochmals dahinter setzen.

Jede Wendezeit im Leben kann einen inneren Gestaltungsprozess auslösen. Damit befassen wir uns im dritten Teil der Schrift. Die Dynamik dieser Neuorientierung folgt der gleichen Gesetzmäßigkeit mit denselben Stadien. Dies zeigt sich in Träumen aus Zeiten des persönlichen Umbruchs. Die Phasen, wie sie im Gestaltungsprozess durchlaufen werden, sind auch in Träumen von Menschen in Umbruchszeiten festzustellen. Wir vergleichen die Symbolik der Träume in Zeiten persönlicher Veränderungen mit der Traumsymbolik im Lauf einer kreativen Arbeit. Damit können wir die innerpsychischen Prozesse besser verstehen, welche unser Verhalten in Wendezeiten des Lebens prägen.

Auf der Suche nach einer möglichen Grundhaltung, welche das Finden fruchtbarer Lösungen ermöglicht, wählten wir ein Märchen. Märchen enthalten eine Verdichtung kollektiver Lebenserfahrung. Sie eignen sich besonders gut dazu, innere Vorgänge der Reifung und Wandlung symbolisch darzustellen. Unser Augenmerk galt insbesondere der Gestalt des Dummlings, wie er in verschiedenen Märchen vorkommt, sowie seinen klugen Brüdern. Wie kommt es, dass ausgerechnet der Dummling unlösbar scheinende Aufgaben bewältigt, die Prinzessin erlöst, kreative Schritte tut, während seine Brüder in die Irre gehen?

Wer sind wir? Claudia Schuh arbeitet als Dozentin an der Hochschule für Gestaltung und Kunst. Sie ist ausgebildete Zeichenlehrerin und Psychotherapeutin. Heidi Werder ist Psychotherapeutin und Lehranalytikerin am C.G. Jung-Institut. Sie hat eine langjährige Praxiserfahrung und verfügt über die Erfahrung, ein Buch zu zweit zu schreiben.[1]

Dieses Buch richtet sich vor allem an Pädagogen und Psychologen. Gestalterisch Tätigen und Menschen, welche neue Wege im Leben suchen, kann es ein vertieftes Verständnis für innerpsychische Vorgänge vermitteln. Wir wählten eine schlichte, allgemein verständliche Sprache und vermeiden Fachausdrücke.

Bei der Arbeit zu zweit am vorliegenden Manuskript haben wir hautnah erlebt, wie es sich anfühlt, über Jahre hinweg eine kreative Arbeit zu gestalten und zu durchleben. Wir haben gesammelt, uns gesammelt, bebrütet, geschrieben, korrigiert, uns erholt mit allen Hochs und Tiefs, welche ein solch großes Unterfangen mit sich bringt. Um uns nicht zu versteigen und zu verirren, um immer wieder Distanz gewinnen zu können, waren wir auf die Ermunterung und Kritik von Freundinnen, Freunden, Laien und FachkollegInnen angewiesen. So sind wir zusammen mit dem Buch gewachsen. Ganz herzlich bedanken möchten wir uns bei Claire Bischof Vetter, Peter Brugger, Peter Eberhard, Eva Gallizzi, Vera Gerwig Zürcher, Adelheid Hanselmann, Christoph Held, Gisela Leyting, Birgit Littmann, Regine Mätzler, Dagmar Olzog, Marianne Regard, Jitka Roth-Slavik, Barbara Sutter, Katharina und Erhard Taverna, Edmond Werder, Matthias Werder, Bruno Wiederkehr, Monique Wulkan Koch und bei den Studierenden der Hochschule für Gestaltung und Kunst Zürich.

KREATIVITÄT IM SUBJEKTIVEN ERLEBEN

PHASENTHEORIEN IN DER KREATIVITÄTS-FORSCHUNG

Die Kreativitätsforschung befindet sich an einem Überschneidungspunkt von verschiedenen Disziplinen. Psychologie und Psychiatrie, Hirnforschung und Neurologie befassen sich damit, aber auch Erkenntnistheorie und Pädagogik. Ein spezielles Gebiet innerhalb der Kreativitätsforschung umfasst die Phasentheorien. Ihnen gilt unser Interesse.

Jeder schöpferische Prozess hat einen gesetzmäßigen Ablauf. Mehrere Phasen können unterschieden werden. Im Laufe der Zeit wurden unterschiedliche Phasenmodelle entwickelt. Diese sind schon mehrfach beschrieben worden. In der Fußnote weisen wir auf wichtige Arbeiten hin.[2]

Die einzelnen Phasen gehen fließend ineinander über; allerdings gibt es deutliche Umschwungsmomente. Die Anzahl der Phasen variiert in den verschiedenen veröffentlichten Modellen.

In unseren Betrachtungen beziehen wir uns auf das Modell, welches Mihaly Csikszentmihalyi entwickelt hat. 1996 hat er das Standardwerk «Kreativität» herausgegeben. Csikszentmihalyi erhebt interessante Künstlerbefragungen und fasst sie ordnend und zweckfrei in seiner Theorie zusammen. Er arbeitet die für kreative Menschen in ihrer Gegensätzlichkeit sehr typischen Charaktermerkmale heraus.

Csikszentmihalyi definiert den kreativen Prozess als Abfolge von fünf Schritten oder Phasen, nämlich der Vorbereitungszeit, der Inkubations- oder Reifungsphase, der Einsicht oder dem Aha-Erlebnis, der anschließenden Bewertung und der Ausarbeitung. Gemäß seinem Modell findet die Phase der Bewertung unmittelbar nach dem Aha-Erlebnis statt, und der Prozess schließt mit dem Abschluss der Arbeit.

Weshalb haben wir ebenfalls ein Phasenmodell erarbeitet? Claudia Schuh hat über lange Zeit schriftliche und mündliche Aussagen von Studierenden der Hochschule für Gestaltung und Kunst Zürich gesammelt, in Form von Fragebogen, Reflexionen und Diskussionen. Auf diesem Material, sowie auf schriftlichen und mündlichen Künstlerzitaten bauten wir auf. Wir gingen aus vom subjektiven Erleben der Gestaltenden. Dabei ergaben sich Unterschiede zum Phasenmodell, wie Csikszentmihalyi es entwickelt hat. Nach seiner Theorie wird nach jedem Aha-Erlebnis überprüft, ob die neue Erkenntnis umsetzbar ist. Dem pflichten wir bei. Wir haben jedoch die Phase der Überprüfung vor allem auf die Arbeitszeit bezogen. Auf Grund unserer Untersuchungen erfolgt die wichtige Phase der Bewertung oder Verifikation auch zwischen einzelnen Arbeitsetappen, und vor allem nach Abschluss der Arbeit.

Aus der Erkenntnis und der persönlichen Erfahrung heraus, dass der seelische Prozess länger dauert als die eigentliche Zeit der Arbeit, ergab sich ein Modell mit einer sechsten Phase. Wir beschreiben die Zeit der Vorbereitung, die Inkubation, den Moment der Erkenntnis, die Zeit der Arbeit, die Verifikation und zusätzlich die Phase der Erholung.

Den Ablauf einer kreativen Arbeit wollten wir nicht nur aus der Perspektive eines Beobachters beschreiben, sondern es ging uns darum, das subjektive Erleben detailliert zu erfassen und psychologisch zu erklären.

Aus der doppelten Berufserfahrung – der kunstpädagogischen und der psychotherapeutischen – ergab sich die Möglichkeit, die beiden Bereiche zu kombinieren. Die analytisch-psychologische Sichtweise ermöglichte uns, Bewusstseinszustände und Reaktionsweisen im Ablauf eines kreativen Prozesses vertieft zu erkennen und zu beschreiben.

Unsere psychologischen Erwägungen beruhen vorwiegend auf der Psychologie von C.G. Jung. Jung hat eine Libidotheorie entwickelt, welche nicht ausschließlich auf die Sexualität ausgerichtet ist, sondern auch die Symbolbildung und insbesondere die schöpferische Potenz umfasst.

Im Lauf eines kreativen Arbeitsprozesses treten oft vorübergehende Ausnahmezustände des Bewusstseins auf. Wir haben sie als sinnvolle Durchgangsstadien dargestellt und sie damit von pathologisierenden psychiatrischen Diagnosen abgegrenzt.

Es ist ein Glücksfall, dass wir auf die Bilder von Angelika Kauffmann gestoßen sind. Sie ist unseres Wissens die erste Künstlerin, welche ihr eigenes Tun in allen Stadien malend reflektierte, lange bevor sich jemand mit den Phasen eines schöpferischen Prozesses auseinandergesetzt hat.[3] Angelika Kauffmann lebte von 1741 bis 1807 und genoss als weibliche Künstlerin eine damals außergewöhnliche öffentliche Anerkennung.[4]

Schon zu Lebzeiten wurde sie durch ihr umfangreiches malerisches Werk bekannt. Dieses umfasst etwa 1500 Ölgemälde, Zeichnungen und Radierungen. Sie führte in London und Rom neben nie abbrechenden Auftragsarbeiten ein offenes Haus und hatte Zugang zur geistigen und kulturellen Elite ihrer Zeit. Winckelmann, Klopstock, Herder und Goethe waren mit ihr befreundet. Kaiser und Könige verkehrten in ihrem Atelier in Rom; es wurde zum gesellschaftlichen Mittelpunkt der Stadt.

Wir haben vier allegorische Wandgemälde, sowie zwei Radierungen gefunden und ausgewählt. Diese stellen den kreativen Arbeitsprozess in seinen Phasen dar, 200 Jahre ehe die ersten Phasentheorien aufgestellt wurden.

DIE VORBEREITUNG

Aufmerksam sitzt sie da, macht eine Skizze nach der anderen von einem Torso. Ganz als ob sie über das vertiefte Beobachten alle Proportionen und Formelemente in sich aufnehmen möchte.[5]

DIE SUCHE NACH DEM ANFANG

Was steht am Anfang eines kreativen Prozesses? Beginnt er mit dem ersten Pinselstrich, einem ersten Wort? Geht dem Pinselstrich eine Idee voraus? Steht vor der Idee eine Ahnung, und vor der Ahnung ein Unbehagen und das Gefühl, dass sich etwas Neues anbahnen muss?

Wir merken: Es gibt den Punkt Null im Grunde gar nicht. Vor jeden Satz schiebt sich ein weiterer Satz. Im Zurückgehen stoßen wir auf das Ende eines letzten kreativen Prozesses, ganz als ob sich eine kreative Erfahrung an eine vorausgehende reihen würde.[6]

Zudem ist niemand ein unbeschriebenes Blatt. Immer greift man zurück auf den persönlichen Fundus an Beobachtungen, Lebenserfahrung und angeeignetem Wissen. So gesehen ist der Anfang nicht einfach der Moment, in dem eine Aufgabe gestellt wird oder sich das Thema herausbildet. Er liegt irgendwo in der Vorgeschichte und kann meistens zeitlich nicht klar bezeichnet werden. In dieser Zeit vor dem Beginn der eigentlichen Arbeit sammeln sich die persönlichen Erfahrungen. Gedanken beginnen sich zu formen, Ahnungen entwickeln sich und Träume tauchen auf. Wir sammeln Dinge, die uns ansprechen, füllen unsere Skizzenbücher mit Zeichnungen, unsere Schachteln mit Zeitungsausschnitten und Bildern. Kurz – unser Fundus baut sich auf, ohne dass wir uns dessen immer voll bewusst sind. Was wir aktiv dazu beitragen können, ist wachsam und offen durch die Welt zu gehen, auf unsere Interessen zu achten und unserer Neugierde freien Lauf zu lassen. Aus der Fülle des gesammelten Materials kristallisiert sich allmählich oder plötzlich ein Thema heraus. Man greift dieses Thema auf und beginnt sich zu fragen, in welcher Art man es bearbeiten möchte. Erst jetzt beginnt eine aktive Suchphase, in der man bewusst das Projekt mit sich herumträgt, mit all den offenen Fragen, die sich nun einstellen.

Ein kreatives Projekt bedingt ein «prozessorientiertes Schaffen». Das heißt, es wird etwas entwickelt, was es noch nicht gibt. Dies steht im Gegensatz zum zielorientierten Arbeiten, bei dem das Endprodukt bekannt ist. Das Kochen nach einem alt bewährten Rezept ist zielorientiert, wohingegen das Erfinden und Ausprobieren eines neuen Gerichtes prozessorientiert ist. Dazu die Erfahrung einer Schriftstellerin: «Wenn ich etwas suche, was mir noch unbekannt ist, so muss ich meinen Horizont erweitern, ich muss vertraute begangene Wege verlassen. Ich riskiere, mich zu verirren. Auf Karten und Wegweiser ist kein Verlass.»[7]

IN ZWEI WELTEN LEBEN

Was ist damit gemeint? Wir bewegen uns einerseits in der Realität des Alltags. Anderseits öffnen wir uns dem Außergewöhnlichen, Unlogischen und Irrationalen. Wir versuchen gar nicht, die beiden gegensätzlichen Welten in Übereinstimmung zu bringen, sondern genießen es, an beiden teilhaben zu können.

In Märchen wird oft geschildert, wie der Held oder die Heldin sich aufmacht ins Ungewisse. Das Unbekannte wird umschrieben als Wasser des Lebens, als verwunschene Königstochter, als goldene Haare des Teufels, usw… In bildhafter Sprache wird erzählt, was einem alles so geschehen kann auf dieser Suche. Immer gilt es, gefährliche Situationen zu meistern und auf den Rat von unscheinbaren Zwergen, Hutzelweibchen, sprechenden Ameisen oder Vögeln zu achten. Die einen beachten die Ratschläge, die anderen nicht. Märchenfiguren, welche solche Hinweise verachten, auf eigene Lorbeeren schielen, sich hochmütig auf ihre Intelligenz verlassen und vorgefasste Meinungen haben, gehen in die Irre, oder sie werden verzaubert. Oft ist es der jüngste Sohn[8], der als Dummling gilt, welcher sich als einziger nicht blenden lässt. Er ist nicht ehrgeizig, nimmt Unbequemes in Kauf und weicht nicht aus vor Gefahren. Willig lässt er sich belehren und gesteht sich ein, wenn er hilflos ist. Dazu als Beispiel das Grimm-Märchen «Die drei Federn»:

«Es war einmal ein König, der hatte drei Söhne, davon waren zwei klug und gescheit, aber der dritte sprach nicht viel, war einfältig und hieß nur der Dummling. Als der König alt und schwach wurde und an sein Ende dachte, wusste er nicht, welcher von seinen drei Söhnen nach ihm das Reich erben sollte. Da sprach er zu ihnen: ‹Ziehet aus, und wer mir den feinsten Teppich bringt, der soll nach meinem Tod König sein.› Und damit es keinen Streit unter ihnen gab, führte er sie vor sein Schloss, blies drei Federn in die Luft und sprach, ‹Wie die fliegen, so sollt ihr ziehen.› Die eine Feder flog nach Osten, die andere nach Westen, die dritte aber flog geradeaus und flog nicht weit, sondern fiel bald zur Erde. Nun ging der eine Bruder nach rechts, der andere nach links, und sie lachten den Dummling aus, der bei der dritten Feder, da wo sie niedergefallen war, bleiben musste.

Der Dummling setzte sich nieder und war traurig. Da bemerkte er auf einmal, dass neben der Feder eine Falltüre war…»[9]

Wie geht das Märchen weiter? Wir werden im dritten Teil ausführlich darauf zurückkommen. Soviel sei verraten: Er findet schließlich den Schatz, d.h. den schönsten Teppich. Und nach weiteren Prüfungen heiratet er und wird selbst König.

Zunächst einmal sitzt der Dummling aber hilflos am Boden. Er hat keine Ahnung, wie es weitergehen soll. Erst nach einiger Zeit bemerkt er neben der Feder eine geheimnisvolle Falltüre im Boden.

Auch bei einer kreativen Aufgabe gilt es, einen Schatz zu finden. Der Weg dorthin ist nicht erkennbar. Es gilt sich einzugestehen, dass das Ziel auf rationalem Weg nicht zu erreichen ist.

Zum Dummling werden heißt, nicht vorwärts zu stürmen, sondern sich in einen Zustand sinken zu lassen, der dem Unbewussten mehr Raum gibt. Das Rationale wird zurückgenommen zu Gunsten des Irrationalen, das linkshemisphärische Denken und Handeln zu Gunsten des rechtshemisphärischen.[10] Der Gewinn dabei ist eine größere Durchlässigkeit für unbewusste Inhalte.[11] In diesem Zustand gleicht man insofern dem Dummling, als man vorwiegend intuitiv sucht und nicht nur rational das Ziel anstrebt. Vielen Menschen ist äußerlich nicht anzumerken, wenn sie sich auf ein Thema einstimmen. Andere wirken abwesend und unbezogen. Sie sind in sich versunken oder gehen wie «Hans guck in die Luft» durch die Welt. Für die Anliegen ihrer Umgebung haben sie keine Augen und Ohren. Sich selbst erleben sie wie ein Ei ohne Schale, ungeschützt und überoffen. Auf äußere Gegebenheiten können sie sich schlecht einlassen, weil ihre Konzentration nach innen gewendet ist. Es unterlaufen ihnen beschämende Missgeschicke, wie Schlüssel verlieren, in den falschen Zug einsteigen, sich schneiden und brennen oder den Pullover verkehrt herum anziehen. Ihre Nöte und Bedürfnisse können sie nicht mitteilen. Sie sind ihnen selbst zu diffus, oder sie werden gar nicht wahrgenommen. Um nicht ausgelacht zu werden, versuchen sie, ihren Zustand zu tarnen oder sich dem sozialen Kontakt zu entziehen.[12]

Studierende der Hochschule für Gestaltung und Kunst Zürich wurden befragt, welche Strategien sie anwenden, um sich in diesem verletzlichen Zustand zu schützen.[13] Ihre Antworten:

«Ich gehe joggen.»

«Ich fahre den ganzen Tag im Zug ziellos umher.»

«Ich gehe in den Keller, dorthin kann ich mich zurückziehen.»

«Ich gehe in den Wald, bis ich mich ein bisschen verirre.»

«Ich schwimme.»

«Mit meinen Freunden jasse ich, so sieht man mir nichts an.»

«Ich wasche und bügle meine Vorhänge.»[14]

Es sind dies alles Tätigkeiten, welche nicht die volle Konzentration erfordern und Raum für die innere Einstimmung auf das Thema zulassen. So wird es möglich, sich zu schützen und sich auf intuitiver Ebene dem Thema zu öffnen.

OFFENHEIT UND SYNCHRONIZITÄT

In diesem Zustand öffnet sich das Bewusstsein gegenüber unbewussten Inhalten. Das Zusammenspiel zwischen der äußeren Realität und der Innenwelt intensiviert sich. Die Konzentration verlagert sich vom Kopf oder Intellekt hinab ins Herz oder in den Bauch. Pierre Janet hat diese innere Bereitschaft mit «abaissement du niveau mental» bezeichnet[15] Leider ist dieser Begriff bis heute nicht in die deutsche Sprache übersetzt worden.

Was ist damit gemeint? Eigentlich handelt es sich um einen Sammelbegriff. Er umfasst halbbewusste Zustände im Bereich des Normalen. Ein «abaissement» ist wörtlich die Herabsetzung der Schwelle von Bewusstheit. Es ist das Abtauchen in einen halb bewussten Zustand, vergleichbar mit der unscharfen Sicht im Moment, wo Kurzsichtige ihre Brille abnehmen.[16]

Wie wird das erlebt? Eine Studierende sagt dazu: «Ich muss das Thema ganz in mich hinein nehmen», sie zeigt mit den Händen auf Herz und Bauch, «und ganz fest halten. Dann kommt es mir so vor, als ob sich, wenn ich durch die Welt gehe, alles was mir begegnet auf mein Thema zu beziehen scheint.»[17] So bekommt das Sammeln eine ganz eigene Qualität. Neben dem gezielten Sammeln fallen einem Dinge wie von selbst zu, ohne dass man danach sucht. Die unglaublichsten Zufälle stellen sich ein. Studierende berichten: «Ja, dann kann ich in eine Buchhandlung gehen und schlage das Buch unabsichtlich so auf, dass mir das gesuchte Zitat unerwartet vor Augen steht.» Und eine andere Aussage: «Ich habe schon erlebt, dass mir bei einem Bier ein Kollege genau die Information gab, nach der ich auf der Suche war. Er hatte keine Ahnung davon.»[18]

Diese innere Haltung, bei der gleichzeitig eine Offenheit der Welt und eine Offenheit dem Unbewussten gegenüber eingenommen wird, bewirkt synchronistische Ereignisse.

Was ist Synchronizität? Synchron bedeutet gleichzeitig, gleichlaufend. Synchronisieren heißt, verschiedenartige Bewegungen in einen zeitlichen Gleichlauf zu bringen. Psychologisch gesehen beruhen synchronistische Ereignisse immer auf einem Zusammenwirken von bewussten mit unbewussten Kräften.

«Synchronizität» nennt C.G. Jung das gleichzeitige Auftreten von zwei oder mehreren Ereignissen, welche nicht in logischer Folge zueinander stehen. Innere Wahrnehmungen, wie Träume, Ahnungen oder Einfälle treffen ungeplant zusammen mit äußeren Ereignissen.[19] In der sinnvollen Gleichzeitigkeit eines inneren Bildes mit einem äußeren Ereignis wird erlebt, dass eine Zusammengehörigkeit zwischen dem geistigen und dem stofflich-körperlichen Aspekt besteht. Das Erleben dieser Zusammengehörigkeit löst meistens starke Gefühle und eine geheimnisvolle Ergriffenheit aus.[20]

Es gibt Künstler, welche ganz im Synchronistischen arbeiten. Der Fotograf Henri Cartier-Bresson gehört dazu. Er hat die Gabe, im richtigen Moment am richtigen Ort zu sein. Er sagt: «Man sieht's und – Blupp – man hat's, oder nicht. So ist es.» Ein Berufskollege ergänzt: «Wenn man es sucht, findet man es nicht, plötzlich kommt es einfach und beißt einen.» Das Bild kommt auf den Fotografen zu. Der Fotograf erlebt sich hier als der Empfangende, sogar Gebissene, und nicht als Jäger, welcher ein Bild schießt.[21] Neben der richtigen Zeit und dem richtigen Ort geht es beim Fotografieren, beim Abdrücken, auch noch um den richtigen Bruchteil einer Sekunde. Eigentlich drückt «es» ab, wie Henri Cartier-Bresson sagt. Das geschieht so schnell wie eine Echse eine Mücke frisst. Blitzschnell lässt sie ihre Zunge nach der Mücke schnellen. Ehe wir begriffen haben, was geschieht, ist sie schon verschlungen. Erkennen und Handeln sind praktisch gleichzeitig, das Denken stellt sich nicht dazwischen.

Der Fotograf verschmilzt mit der beobachteten Situation und mit seinem Werkzeug, so dass «es» im richtigen Moment abdrückt. Diese Haltung wird im Zen-Buddhismus eingeübt. Eugen Herrigel, deutscher Philosophieprofessor, beschreibt seine eigene Ausbildung im Bogenschießen durch einen Zen-Meister. Es geht dabei nicht um die Technik des Bogenschießens, sondern um eine Schulung des Bewusstseins. Dabei wird über Jahre an der inneren Haltung gearbeitet, dank der sich Synchronizität einstellt.[22] Dieses Einswerden mit sich selbst und mit der Welt wird in jeder spirituellen Entwicklung angestrebt.

SYMBOLISCHE DARSTELLUNGEN

In den Arbeiten Studierender, aber auch in der bildenden Kunst wird die Phase der Vorbereitung oft symbolisch dargestellt. Das Sammeln findet Ausdruck in Bildern vom Füllhorn, von Körben voller Früchte, von schwer bepackten Autos, beladenen Eseln, und von Frachtschiffen auf hoher See. Die Haltung der empfangenden Offenheit wird oft in der symbolischen Sprache verschiedener Körperhaltungen wiedergegeben: Da sind geöffnete Hände, offene Münder und gespitzte Ohren zu sehen. Auch Gefäße, Krüge, Schalen versinnbildlichen dasselbe auf abstrakter Ebene. Kinderzeichnungen fallen auf mit unglaublichen Konstruktionen von Antennen und Fernsehschüsseln.

DAS BEWUSSTE SAMMELN

Der Schriftsteller und Regisseur Falk Richter beschreibt seine Art des Suchens: «Der Anfang: eher ein Gefühl für die Sache, noch kein klares Konzept, der Anfang einer Suche, erst mal umschauen in jede Richtung, alles absuchen, alles durchwühlen, so ungefähr ahnen, dass man jetzt kurz mal die Welt als Ganzes begreifen will, zumindest den aktuellen Stand der Dinge. Ein leerer Schreibtisch, der sich innerhalb von Stunden und Tagen füllt und überquillt, bis ich selbst nicht mehr durchsteige.»[23] Falk Richter beschreibt ein bewusstes und doch ausgesprochen assoziatives Sammeln. Er lässt sich im Suchen treiben von einer Idee zur anderen.
An dieser Stelle wollen wir unseren Blick auf das Bild von Angelika Kauffmann werfen, welches dieses Kapitel einleitet. Sie stellt in diesem ersten Bild eine weibliche allegorische Gestalt in der Phase des Suchens und Sammelns dar. Offensichtlich ist sie nicht im Stadium der empfangenden Offenheit, sondern in einem gezielten realistischen Sammeln. Aufmerksam macht sie Skizze um Skizze von einem Torso, der sich vor ihr befindet. Vorwärts arbeitend nimmt sie die Proportionen und Formelemente in sich auf. Im zeichnenden Sammeln erweitert sie ihre Kenntnisse.
Auch der Maler Pablo Picasso äußert sich zum Thema des Sammelns und Suchens: «Es fällt mir schwer zu verstehen, dass man die Erörterung über das ‹Suchen› in der modernen Malerei so wichtig nimmt. Meiner Ansicht nach bedeutet das ‹Suchen› in der Malerei überhaupt nichts. Finden: das ist das Problem. Niemand kann daran interessiert sein, einem Mann zu folgen, der mit den Augen starr am Boden sein Leben damit verbringt, die Brieftasche zu suchen, die der Zufall ihm möglicherweise auf den Weg geworfen hat. Wer etwas findet, gleichgültig was, auch wenn es gar nicht in

seiner Absicht lag, das zu suchen, erregt zumindest unsere Neugier, wenn nicht gar unsere Bewunderung.»[24]

Kritisiert Picasso damit das bewusste Sammeln, so wie Angelika Kauffmann es darstellt? Der starr auf den Boden gerichtete Blick ist ein treffendes Bild für eine verengte Sichtweise. Picasso plädiert für Offenheit im bewussten Sammeln und für das Vertrauen, dass einem im rechten Moment das Richtige zufällt.

Die wachsende Menge des gesammelten Materials wird allmählich zur Last. Die Vorstellung der künftigen Arbeit ist durch das Sammeln nicht klarer, sondern komplexer und unübersichtlicher geworden. Absurderweise stellen sich mit zunehmendem Wissen erneut Gefühle der Verwirrung, der Inkompetenz ein. Die Fülle des Materials vermittelt nicht mehr die Freude am Reichtum, sondern die Qual der Beladenheit.

Immer bedrückter schleppt man sich vorwärts im Gefühl, sich in einen Lastesel verwandelt zu haben. Damit hat auch schon die nächste Phase, die Inkubation begonnen.

DIE INKUBATION

Wartend
ohne zu erwarten,
sinnierend
ohne zu denken,
gesammelt und entspannt
sitzt sie da.
Unbeachtet liegen
ihre vielen Skizzen
im Halbdunkel.
Wie lange schon? [25]

DAS INNERE VERARBEITEN

Inkubieren nennen wir den Zustand, in dem das gesammelte Material innerlich verarbeitet, gewandelt und in eine neue, umfassende Form gebracht werden soll. Diese neue Form ist noch unbekannt und rational mit keiner Willensanstrengung machbar.

Inkubieren heißt bebrüten, und doch umfasst es mehr. Das Material muss gewandelt werden. Ein Huhn kann auf seinen Eiern sitzen und brüten. Aber trotz allen Brütens ist es nicht im Stande, aus Dotter und Eiweiß ein junges Hühnchen zu erschaffen. Was das Huhn kann, ist das Ei schützen und ihm konstante Wärme geben. Brüten braucht Zeit, die Zeit, welche das Küken benötigt, um sich im Ei zu entwickeln. Der Vorgang der Inkubation lässt sich nicht beschleunigen. Die Wandlung geschieht autonom und unbemerkt. Wann die Inkubation beginnt, ist schwer zu sagen. In Teilbereichen kann sie schon während des Sammelns einsetzen. Ihr Anfang stellt sich unwillkürlich und oft unmerklich ein.

Während der Inkubation ist nicht nur Schutz und Wärme gefragt. Der Vorgang ist komplizierter als das Ausbrüten eines Eis. Das gesammelte Material ist unübersichtlich. Die einzelnen Teile passen schlecht zueinander. Man fühlt sich ärgerlich und hilflos: Innerlich beladen mit dem gesammelten und noch ungeordneten Material ist es wie nach einem schweren Essen: Da liegen Suppe, Salat, Teigwaren, Fleisch und das gesamte Dessertbuffet zusammen mit Wein, Wasser und Espresso in einem gewaltigen

Durcheinander im Magen. Alles vermischt sich, die Verdauungsfermente zersetzen allmählich den Mageninhalt. Aus dieser amorphen Masse werden all die kostbaren Stoffe wie Eiweiß, Fett, Kohlenhydrate, Spurenelemente gebildet, die der Körper aufnehmen kann. Der unverdauliche Rest wird ausgeschieden. In gleicher Weise muss innerpsychisch eine Klärungs- und Verdauungsarbeit geleistet werden. Da fühlt man sich oft müde wie vor einem Mittagsschläfchen.

Die Verdauungsversunkenheit bringt viel Unbehagen mit sich. Ohne zu wissen, wohin es geht, muss das Ich die Führung abgeben und sich der Arbeit des Unbewussten anvertrauen. Kein Wunder, dass Spannungen und Ängste auftauchen. Studierende äußern sich folgendermaßen zu diesem Stadium:

«Es zerreißt mich fast.»

«Ich fühle mich unruhig und angespannt.»

«Ich bin verstimmt und ärgere mich über alle und alles.»

«Meine Aufgabe werde ich nie lösen können. Dauert das denn eigentlich ewig?»[26]

Tatsächlich ist dieser Zustand schwer auszuhalten. Nichts scheint vorwärts zu gehen; alle Anstrengungen sind fruchtlos. Die Gedanken drehen sich im Kreis. Das recherchierte Material ist zu einem unübersichtlichen Haufen angewachsen.

Oft wird das Unbehagen somatisiert und äußert sich in allerhand körperlichen Symptomen:

«Ich möchte mit Fieber ins Bett sinken oder auswandern, aus der Haut fahren.»

«Mir liegt das Ganze auf dem Magen. Manchmal habe ich Heißhunger, und handkehrum widert mich das Essen an.»

«Ich möchte am liebsten einfach einen Winterschlaf machen – oder tanzen gehen.»[27]

Schlafen ist vielleicht gar nicht so schlecht. Niemand bezweifelt, dass beim Aufwachen wieder neue Energie zur Verfügung steht. – Der Tempelschlaf in der Antike ist eine Form der Inkubation. Leidende und Suchende begaben sich in den Tempel des Asklepios. Sie wussten, dass eigene Bemühungen nicht genügen konnten, um Heilung oder Erkenntnis zu finden. Im

Tempelschlaf hoffte man auf Genesung oder auf einen heilsamen Traum als Antwort.

Ein Student beschreibt, was er in dieser Zeit macht: «Wenn keine Idee kommt, mache ich Tee, esse Znüni[28], gehe aufs WC, manchmal dauert dieser Zustand wochenlang. Die Ideen kommen meist dann, wenn ich mich nicht damit beschäftige.»

Er quält sich nicht, sondern nimmt Distanz. Beeindruckend ist, wie gut er in dieser Zeit der Unsicherheit zu sich selber schaut. Er kann sein ganzes gesammeltes Material innerlich loslassen und Abstand davon nehmen. Er lässt es ruhen, im Vertrauen darauf, dass sich irgendwann die erlösende Idee einstellen wird, wartend ohne zu erwarten.

Werfen wir einen Blick auf die Künstlerin, wie Angelika Kauffmann sie dargestellt hat: Unbeachtet liegen ihre vielen Skizzen im Halbdunkel, während sie in sich versunken zu sein scheint. Den einkreisenden Zirkel nachlässig in der einen Hand, den nachdenklich geneigten Kopf von der anderen Hand gestützt, und den Ellbogen auf einem Schachbrett, das auf den nächsten Zug zu warten scheint. Wie lange sitzt sie schon da?

Angelika Kauffmann bezieht sich auf das Bild «Melancolia» von Albrecht. Dürer.[29] Die geflügelte Gestalt der Melancholie strahlt finstere und hilflose Schwere aus. Auch diese Figur hält den Zirkel unbenützt in der rechten Hand. Auf dem Boden liegen Säge, Hobel, Nägel und Zange verstreut herum. Das Bild von Angelika Kauffmann hat viel gemeinsam mit demjenigen von Albrecht Dürer. Offensichtlich hat sie die «Melancolia» gekannt. Mit allen zur Verfügung stehenden Werkzeugen, bei aller Anstrengung ist es unmöglich, die angestrebte neue Ordnung herbeizuführen. Es bleibt nichts anderes übrig als vertrauensvoll loszulassen.

Melancolia, die Melancholie, ähnelt einem depressiven Zustand. Tatsächlich sind die häufigen Verstimmungen während der Inkubationszeit vergleichbar mit einer depressiven Verstimmung. Auch hier ist die Energie im Unbewussten gebunden. Bleibt sie blockiert, so fehlt die Dynamik, und es ist keine Wandlung möglich. So gesehen gleichen Depressionen einem Steckenbleiben in der Inkubationsphase.[30]

Spricht man als Außenstehende diesen Zustand des Bebrütens an, so wird man oft unwirsch zurückgewiesen: «Lass mich in Ruhe.» «Ich mag nichts sagen.»[31]Deutlich ist Abwehr spürbar. Die Betroffenen benehmen sich, als ob es ein Geheimnis gäbe, das noch nicht preisgegeben werden darf. Oder wie wenn etwas zuerst ganz ausreifen müsste, ehe man darüber sprechen kann. Dabei haben sie gar nicht so Unrecht.

Dieser Rückzug, das sich Abschotten und das Geheimhalten hat einen Sinn. Die Jung'sche Psychologie hat dazu folgende Erklärung: Im Rückzug und Abschotten, im Tempelschlaf wird Energie frei, die sonst für das Funktionieren im Alltag, für das Verhalten in Beziehungen gebraucht wird. Die Energie sinkt ins Unbewusste. So werden unbewusste Inhalte aktiviert. Als Träume, Phantasien und Visionen steigen sie ins Bewusstsein auf.[32]

Auch in Märchen geschieht die Lösung eines scheinbar unlösbaren Problems im Schlaf. Dazu als Beispiel das Märchen vom Rumpelstilzchen:[32] Der geldgierige Vater der schönen Müllerstochter behauptet vor dem König, seine Tochter könne aus Stroh Gold spinnen. Nun sitzt das arme Mädchen im Keller des Königspalastes vor riesigen Strohballen und weint verzweifelt. Da erscheint ein merkwürdiger Kobold und bietet ihr an, die Aufgabe für sie zu erledigen, falls sie ihm dereinst ihr erstes Kind überlassen würde. Sie ist damit einverstanden, und während sie schläft, erledigt das Rumpelstilzchen die ihr gestellte Aufgabe. Es verwandelt Stroh in Gold. Die Arbeit des Rumpelstilzchens verkörpert symbolisch die Wandlung, die sich während des Schlafes im Unbewussten vollzieht. Das bewusste Ich muss die Führung abgeben und sich der Arbeit des Unbewussten anvertrauen. Das Unbewusste besitzt die großartige Fähigkeit, aus der Fülle von ungereimtem und in sich widersprüchlichen Material etwas Neues, in sich Klares «herauszudestillieren».

Es scheint in der Psyche so etwas wie ein Ferment – oder eben ein Rumpelstilzchen – zu geben, das diesen Vorgang ganz autonom auslöst. C.G. Jung spricht in diesem Zusammenhang von der transzendenten Funktion, welche die Führung übernimmt.[34] Das ist eine innere Kraft, die mithilft, das Material im Unbewussten zu wandeln, und die dem Neuen zum Aufstieg ins Bewusstsein verhilft.

Dieses Ferment, oder eben das innere Rumpelstilzchen kann auf verschiedene Weise aktiviert werden. Dazu das folgende Beispiel aus dem Bereich der theoretischen Physik: Professor Dudley Herrschbach lehrt Physik an der Berkeley Universität in Kalifornien. Seinen Studenten hat er als Übungsaufgabe zur Quantenmechanik vorgeschlagen, Gedichte zur Quantenmechanik zu schreiben.[35]

Um diese abstrakten Probleme kreativ angehen zu können, reicht es nicht aus, sich damit rein intellektuell zu beschäftigen. Lyrik und Physik miteinander verbinden heißt, auch das rechtshemisphärische Denken zu aktivieren und damit das Rumpelstilzchen zu wecken.

Scheinbar paradox ist, wie der Organisationsberater Elmar Mock[36] mit seiner Arbeitsgruppe vorgeht: «Man muss Spannung aufbauen. Wir machen zwei Tage Krieg, zerstückeln und zerschnetzeln alle Ideen, schlafen wenn irgend möglich kaum, bis eine neue Lösung gefunden ist. Wir sind ein Team, das robust ist und das ertragen kann. Andere Menschen brauchen anderes.»

Elmar Mock zelebriert mit seinem Team ein Kriegsritual. Worum geht es beim Zerstückeln? Fest gefahrene Formen und Normen müssen aufgelöst werden. Durch Schlafentzug wird das Ich als Zentrum der rationalen Kontrolle, als urteilende und wertende Instanz ausgetrickst. Das absichtlich hergestellte Chaos und der Einfluss der Gruppe schwächen zusätzlich das bewusste Ich. Auch hier entsteht ein Trance-ähnlicher Zustand. Er ermöglicht eine erhöhte Durchlässigkeit gegenüber unbewussten Inhalten und verhilft neuen Ideen zum Durchbruch.

DIE SYMBOLIK DER INKUBATION IN TRÄUMEN

Träume steigen aus der Tiefe des Unbewussten. Sie können warnen, ermutigen und neue Lösungsmöglichkeiten andeuten. Ihre Mitteilungen sind verschlüsselt in einer bildhaften Sprache. Bilder sind immer mehrdeutig. Wir betrachten hier ausschließlich ihren Bezug zur kreativen Arbeit. Biographische Aspekte und Hinweise auf persönliche Konflikte und spezielle Lebenssituationen lassen wir absichtlich außer Acht.

In Träumen steht häufig das Bild der Schwangerschaft für die Inkubation. Dazu folgender Traum: «Ich bin in einem Zimmer, durch das viele Leute hindurchgehen. Ein Kommen und Gehen. Ich bin hochschwanger und hätte gerne einen geschützten Raum und etwas Ruhe gehabt, um das Kind zu gebären. Das scheint hier nicht möglich zu sein.»

Die Träumerin stellt fest, dass sie sich in einer Umgebung befindet, in der sie nicht gebären kann. Diesen Traum kann sie direkt auf ihre Situation anwenden; sie steckt mit ihrem Projekt mitten in der Inkubation. Gleichzeitig ist sie eine sehr hilfsbereite Frau, die anderen tatkräftig zur Seite stehen kann. Kein Wunder, dass so viele Leute im Traum durch ihr Zimmer gehen. Sie muss sich offenbar besser von ihren Mitmenschen abgrenzen und wenn nötig einmal ein klares Nein sagen. Damit kann sie mehr Verantwortung für sich und für ihr ungeborenes Kind, in Realität für ihr Projekt, übernehmen.

Auch das Haus kann ein Bild für das Gefäß sein, in dem die Inkubation stattfindet. Folgender Traum soll dies verdeutlichen: «Ich bin in einem Haus mit anderen Menschen. Uns geht es gut. Plötzlich geschieht außen etwas, und unsere Fenster bersten. Wir sind im Durchzug.»

Hier sind es offenbar Einflüsse von außen, welche ein ungestörtes Brüten verhindern. Die Störung kommt wie ein Naturereignis und bringt die Fenster zum Zerbrechen. Hier kann es sich um politische Ereignisse oder um Umwälzungen in der Umgebung handeln. Die Botschaft dieses Traumes ist eine deutliche Warnung. Es gilt, den Prozess der Inkubation zu schützen. Störungen von außen gibt es noch und noch.

Der folgende Traum von der Zentrifugalkraft macht auf die gewaltige Kraft von Störungen aufmerksam. Er ist auch ein Warntraum: «Wir gehen aufs Riesenrad an der Kirchweih. Wir müssen uns in Richtung der Speichen auf das Rad stellen und werden mit Stricken befestigt. Noch liegt das Rad am Boden. Langsam beginnt es sich zu drehen und in die Vertikale aufzurichten. Plötzlich merke ich, dass ich einen Tiger auf den Schultern trage. Er ist groß und 300 Kilogramm schwer. Kaum habe ich den Schrecken, einen Tiger zu tragen überwunden, spüre ich, dass sich die Stricke lösen, die mich halten sollten. Gleichzeitig beginnt die Zentrifugalkraft des sich drehenden Rades zu wirken. Sie wirkt schrecklich, denn mein 300 Kilo schwerer Tiger zieht mich nach außen.»

In der Inkubation ist die Energie nach innen gerichtet, also zentripetal. Wir kennen alle die gewaltige Zentrifugalkraft eines Riesenrades. Dazu kommt noch der Tiger. Schwer liegt er dem Träumer auf den Schultern. Er kratzt nicht und beißt nicht, sondern verhält sich nicht anders als ein Schaf. Zur Gefahr wird in diesem Traum nicht der Tiger als Raubtier, sondern sein Gewicht beim sich drehenden Rad. Das Riesenrad versinnbildlicht eine kollektive Kraft, welche nicht zulässt, dass der Träumer zu sich kommen kann. Der Tiger symbolisiert unter anderem eine gewaltige Lebenskraft. Das Riesenrad bewirkt, dass die große Vitalkraft des Träumers für ihn zur Gefahr wird. Die Tigerkraft zieht ihn nach außen. Der Träumer lebt in Realität in einer sehr extravertierten Lebensgemeinschaft, an der er mit seiner ganzen Vitalität teilnimmt. Der Traum weist ihn auf die Gefahr hin, seine ganze Energie in der Anpassung an den aktiven und extravertierten Lebensstil zu verpuffen. Dabei riskiert er, den Zugang zu seiner Kreativität zu verlieren.

Da niemand weiß, wie lange die Inkubation dauert, wird man angesichts der verstreichenden Zeit mit Ungeduld und wachsender Verzweiflung konfrontiert. Bei der physischen Schwangerschaft kann man heute mit Ultraschall das Wachstum des werdenden Kindes beobachten. In der Inkubation gibt es keine Möglichkeit, sich zu versichern, ob die Idee nun am Heranreifen ist oder nicht. Deshalb braucht es immer neu ein großes Maß an Vertrauen. Mit den Jahren wächst ein vages Wissen, dass die Inkubationszeit auch schon früher durchgestanden worden ist.

Der Umgang mit der Zeit und mit Zeitdruck kann diametral verschieden gehandhabt werden. Offene Zeiträume sind für diejenigen gut, die sich durch Zeitdruck lähmen und blockieren lassen. Um sich selbst nicht unter Druck zu setzen, benützt ein Grafiker eine interessante mentale Technik. Er stellt sich vor, er sei in einem geschlossenen Kloster, und die Zeit spiele keine Rolle mehr.

Anderen kann der fehlende Zeitdruck und die mangelnde Konzentration zum Verhängnis werden. Die Inkubation verlängert sich ins Unbegrenzte. Bekannt sind die ewigen Sucher, welche über Jahre immer wieder neu erklären, sie stünden gerade jetzt vor dem endgültigen Durchbruch. Viele brauchen eingegrenzte Zeiträume und gesetzte Termine. Ihnen hilft der Zeitdruck, um zur notwendigen Zentrierung zu finden. Dazu erzählt ein Organisationsberater: «Ich arbeite gerne unter Druck – sonst geht es nicht. Manchmal muss ich sogar absichtlich den Druck erhöhen. Wenn der Termin schon gesetzt ist und die Idee nicht kommen will, übernehme ich einige zusätzliche Arbeiten. Zeitlich ist das völlig absurd. – Aber so geht es. Unter diesem Druck kommt plötzlich der richtige Einfall.»[37]

Diese Phase fordert viel Willen und Durchhaltekraft, sowie auch die Fähigkeit, Unangenehmes zu ertragen. Zudem braucht es die Weisheit, unreife Früchte nicht vorschnell zu pflücken.

Auch das bevorstehende Ende der Inkubation kann sich in Träumen anmelden: «Im Traum zeigt mir eine unbekannte Frau mehrere Fotografien. Auf einigen Bildern sehe ich naturweiße Leintücher. Ein Foto fällt mir auf, ich sehe Flecken auf dem Leintuch. ‹Was ist das hier?› frage ich die Frau im Traum. ‹Hier hat es gezeichnet›, antwortet diese.»

Beim Erwachen fällt der Träumerin ein, dass «Zeichnen» ein Ausdruck der Hebammen für den Abgang des Schleimpfropfens ist, ein Zeichen der beginnenden Geburt. Mit dem Bild der Geburt kommen wir zur Symbolik des bevorstehenden Durchbruchs.

DER MOMENT DER ERKENNTNIS

*Die eingefangene
Sekunde einer
Drehung. Aus dem
ganzen Körper heraus
wendet sie sich vom
Schatten ins Licht.
Flügel erscheinen auf
ihrem Kopf.
Es ist der Moment
der Erkenntnis.*[38]

Mythologisch gesehen küsst in diesem Augenblick, im Moment der Erkenntnis die Muse – genauer gesagt eine der neun Musen, die wir aus der Mythologie kennen.[39] Diese sind spezialisiert und küssen Dichter, Maler, Musiker, Philosophen usw. In der griechischen Kultur wurde das Erleben der Erkenntnis mit der Vorstellung verbunden, von einer traumhaft schönen Frau geküsst zu werden.

Das gleiche Geschehen wird in den Phasentheorien als «Aha-Erlebnis» bezeichnet. Ebenso wird von Visionen, von zündenden Ideen und vom Moment der Erkenntnis gesprochen.

In ihrem Bild stellt Angelika Kauffmann das Erwachen aus der Inkubation dar. Die weibliche Gestalt richtet sich auf und wendet sich vom Schatten ins Licht. Die Zeit der Dunkelheit ist vorbei. Ihre ausgreifende Gebärde drückt aus, wie befreit sie sich fühlt. Der ganze Körper scheint von frischer Kraft beseelt. Flügel erscheinen auf ihrem Kopf! Die Idee verleiht Flügel. Damit bezieht sich Angelika Kauffmann auf die mythologische Ebene. Das mythische Pferd Pegasus besitzt Flügel und hat damit die Fähigkeit, zu Höhenflügen abzuheben[40]. Auf seinem Rücken trägt es Dichter und Künstler. Auch der griechische Götterbote Hermes trägt Flügel am Helm und an den Schuhen. Er überbringt blitzgeschwind die wichtigen Botschaften. Diese bewirken unerwartete Wenden.

WANN UND WO KÜSST DIE MUSE?

Die Eingebung stellt sich in überraschenden Momenten und an unerwarteten Orten ein, z.B. in der Badewanne, beim Einschlafen oder Aufwachen. Die Muse verschmäht auch das WC nicht, um zu küssen. Ein Gedankenblitz kann sich auch beim Joggen, Schwimmen, oder Autowaschen ereignen. Eine Erkenntnis stellt sich am ehesten dann ein, wenn die zielgerichtete Aufmerksamkeit vorübergehend abgelenkt ist.

Wir können nicht aktiv auf das Aha warten, wie wir auf dem Bahnhof einen Zug erwarten, von dem wir wissen, wann er kommen wird. Es gibt aber eine Haltung von innerer Bereitschaft, die das Kommen des Aha's begünstigt. Küsst die Muse, und wann kommt ihr Kuss? Nie weiß man es zum Voraus.

Dem entspricht die Aussage eines Studierenden: «Wenn ich auf Knopfdruck eine Idee haben sollte, dann brauche ich einfach Zeit. Manchmal laufe ich im ganzen Haus herum, um mich inspirieren zu lassen. Viele Ideen kommen mir, wenn ich in unserem Keller stehe, wo wir ein großes Gestell mit allerlei Krimskrams zum Basteln haben, oder im Arbeitszimmer meiner Mutter, wo ein Riesenchaos herrscht.»[41]

Momente der Eingebung kennen nicht nur Künstler. Auch Naturwissenschaftler, Erfinder, Philosophen berichten darüber. Ein Chemiker erzählt: «Um drei Uhr morgens wachte ich auf, und ein gänzlich neuer Vorgang stand klar vor meinem geistigen Auge.» Ein anderer berichtet: «Der Gedanke kam mit einem solchen Schock, dass ich mich noch klar und deutlich an die Situation erinnere.» Ein dritter: «Augenblicklich blitzte die Erleuchtung auf und sagte: hier ist der Weg, um das zu erreichen, woran du viele Monate gearbeitet hast.»[42]

EINE VIELFALT VON VERPACKUNGEN

Eine Erkenntnis kann sich als Gedanke einstellen, als Idee, als Formel, in Worten, oder akustisch als Klangfolge und Rhythmus. Sie erscheint auch visuell, als Bild oder szenischer Ablauf.

Sie taucht auch als Empfindung auf, als Körperwahrnehmung oder Bewegungsablauf. Oft wird sie klar in einem bestimmten Körperteil lokalisiert. Eine Studierende sagt zum Beispiel: «Ich trage das Bild in mir herum.» Dabei zeigt die Hand auf den Körper in der Höhe des Zwerchfells. Eine andere erstaunliche Vorstellung: «Die Idee fühle ich wie einen Vollmond im Nacken, den ich anzapfen kann.»

Die Form, in der sich eine Vision zeigt, muss nicht übereinstimmen mit der gewählten Gestaltungsform, in die sie umgesetzt werden soll. Dürrenmatt z.B. beschreibt, dass seine Visionen nicht sprachlicher Art, sondern im Vorsprachlichen, Bildhaften, Visionären angesiedelt sind.[43] Da werden Bilder in Sprache umgesetzt. Umgekehrt erzählt eine Malerin, wie sie Stimmen hört, die ihr den Auftrag zu einem bestimmten Bild geben.[44] Es gibt Komponisten, welche ihre Musik nicht nur hören, sondern auch das Notenbild sehen.

WAS GESCHIEHT PSYCHOLOGISCH GESEHEN IM MOMENT DER EINGEBUNG?

Das widersprüchliche Material hat sich in der Inkubationszeit unbewusst gewandelt, verdichtet und erneuert. Es taucht als Vision, Formel, Klang, usw. ins Bewusstsein auf. Aus welcher Tiefe des Unbewussten es auch kommen mag, immer bringt es einen neuen Inhalt ans Licht, der eine Entwicklung in Gang bringt.

Die Psyche umfasst einen bewussten und einen unbewussten Teil. Das Unbewusste enthält persönliche und kollektive Bereiche. Dem persönlichen Unbewussten wird Vergessenes, Verdrängtes, unterschwellig Wahrgenommenes zugeordnet, aber auch ahnende Vorwegnahme von Zukünftigem. Das kollektive Unbewusste überschreitet den persönlichen Raum. Man kann es sich als in die Tiefe gestapelte Schichten vorstellen. Eine nicht allzu tief liegende Schicht umfasst den Bereich unserer Affekte und Triebe. Über diesen Bereich können wir unter Umständen noch Kontrolle ausüben, wir können die Inhalte auch noch irgendwie rational begreifen. Die nächste Schicht umfasst geheimnisvolle Inhalte, die wie Fremdkörper aus einer dunkeln, niemals ganz bewusst zu machenden Tiefe kommen. Das kollektive Unbewusste ist eine gewaltige seelische Erbmasse der Menschheit, welche in jedem einzelnen Menschen wiedergeboren wird.

Aus dem Unbewussten aufsteigende Phantasien und Erkenntnisse umfassen immer Inhalte aus mehreren Schichten. Die Kraft, welche diese innere Wandlung des Materials und das Aufsteigen der Erkenntnis bewirkt, übersteigt das willentlich Machbare. Sie kommt von jenseits des bewusst Zugänglichen.[45]

Der Schriftsteller und Maler John Berger nennt das Erleben dieser Kraft Gnade: «Oft stellt sie sich ein, wenn man eine ganze Reihe wirklich schlechter Zeichnungen gemacht hat und zornig wird. Dann geschieht eine Art Unfall: plötzlich merkt man, dass etwas geschehen könnte. Es scheint von einem dritten Teilnehmer zu kommen, weder vom Zeichner noch vom Gezeichneten. Manchmal merkt man's und empfindet Dankbarkeit.»[46]

Der amerikanische Philosoph und Mystiker Ken Wilber erlebt das Erscheinen der Idee wie einen unerbittlichen Befehl, dem er sich nicht entziehen kann. «Ich las und studierte ungefähr zehn Monate und wachte am Ende dieses Zeitraumes mit einer inneren Stimme auf, die mir sagte: ‹Buch!› Ich hatte immer eine große Abneigung gegen diesen Moment, denn die folgenden Monate würden fürchterlich sein.» Das Wort «Buch» ist für Wilber wie ein Marschbefehl, der ihn in eine harte Arbeitszeit hineinschickt.[47]

Der Physiker Albert Einstein betont, dass eine Erkenntnis nicht machbar und letztlich nicht erklärbar ist. Er sagt: «Die Intuition ist ein göttliches Geschenk, der denkende Verstand ein treuer Diener. Es ist paradox, dass wir heutzutage angefangen haben, den Diener zu verehren und die göttliche Gabe zu entweihen.»[48] Damit bekundet er, wie weit er die Gabe der Intuition über das Erdachte stellt. – Niemand sagt: «Ich habe das Aha gemacht.» Die Erkenntnis kommt von einer Instanz, die der bewussten Persönlichkeit übergeordnet ist. Mit dem Ich hat sie nichts zu tun. Sie wird als von außen oder von innen kommend erlebt.

Mit dem Aufsteigen der Erkenntnis wird die Energie, die im Unbewussten gebunden war, plötzlich frei und steht wieder neu zur Verfügung. Die Müdigkeit ist wie weggefegt, der Weg wird sichtbar, daher der überraschend einbrechende energetische Umschwung.

DIE SYMBOLIK DER ERKENNTNIS

Der Moment der Erkenntnis wird in den unterschiedlichsten symbolischen Bildern erlebt und dargestellt. Ob es sich um eine sprudelnde Quelle oder eine Lichterscheinung handelt, ob um eine Geburt oder das Aufwachen aus tiefem Schlaf; immer wird der gleiche magische Augenblick umkreist. Unsere Aussagen beruhen auf Mitteilungen von Studierenden und auf persönlichen Erfahrungen.

DIE QUELLE BEGINNT ZU SPRUDELN

Das Wasser, das bis jetzt unterirdisch geflossen ist, kommt ans Tageslicht. Das Bild der Quelle drückt die Erleichterung aus, die der Durchbruch des Neuen schafft. Wie das Wasser der Quelle erscheint die neu gewonnene Erkenntnis in einer unglaublichen Klarheit und Reinheit. Wird das Aha-Erlebnis anschließend kreativ umgesetzt, so verliert es wieder einen Teil dieser Klarheit, da die Inkarnation der Idee zwangsläufig eine Veränderung mit sich bringt.

Heftiger als das Bild der Quelle ist dasjenige des Geysirs. Aus großer Tiefe steigt unter Druck heißes Wasser empor. Das aus der Quelle fließende Wasser ist erfrischend; der Ausbruch eines Geysirs hingegen oft bedrohlich. Dieses Bild entspricht dem explosionsartigen Einbruch einer Erkenntnis.

Immer wieder gibt es Eingebungen, die so überwältigend stark sind, dass sie erschrecken. Sie machen Angst, weil sie in einem unerwarteten Moment und oft mit Wucht daherkommen. Besteht ein Missverhältnis zwischen der Ich- Stärke eines Menschen und dem Einbruch einer Erkenntnis, so reicht das Fassungsvermögen des Betroffenen vorübergehend nicht aus. Er fühlt sich überschwemmt und verliert den Boden unter den Füßen. Es braucht eine starke Persönlichkeitsstruktur, um diesem Ansturm aus dem Unbewussten standzuhalten. Ebenso ist Unerschrockenheit und Vertrauen gefragt, sowie eine große Beweglichkeit, um das Unerwartete annehmen zu können. Wer hat nicht schon gesagt. «Das kann nicht sein, ich fasse es nicht!» Wer hat nicht schon einfach Zeit für sich gebraucht?

Im Gegensatz dazu wirft das Bild eines tropfenden Wasserhahns niemanden aus der Bahn. Es geht hier nicht um den endgültigen Durchbruch, die ultimative Erkenntnis. Dafür folgt ein Tropfen auf den andern, und solche Mini-Aha-Erlebnisse begleiten in die Arbeitszeit hinein: «Aha, endlich fällt mir das passende Wort ein.» – «Aha, diese Farbe belebt mein Bild auf neue Art.»

Nicht nur das Wasser selbst symbolisiert eine neue Erkenntnis. Es kann auch eine Nixe dem Meer entsteigen, oder es wird ein Fisch gefangen

EIN LICHT GEHT AUF

Visionäres Erkennen wird sehr häufig von eigenartigen Lichterscheinungen begleitet. Dieses Licht kann in Form von Strahlen, Sternschnuppen, Flammen, Funken, Feuerwerk gesehen werden. In religiösen Visionen erscheinen Gestalten von Licht und Strahlen umgeben.

In meditativer Versunkenheit werden auch abstrakte Elemente wahrgenommen, welche von Licht umgeben sind. – Ein Beispiel dafür sind sogenannte Ophanims.[49] Das sind kleine fliegende Räder, die von Flammen umgeben sind. Diese Ophanims verbildlichen sowohl das Daher-geflogen-kommen, als auch die Drehung und Wendung, das Licht und das Feuer, alles Attribute der Erkenntnis.

Visionen von Blitzen entsprechen einer gewaltigen energetischen Entladung. Energie, welche in der Inkubation gebunden war, wird nun ganz plötzlich frei. Lichterscheinungen sind oft numinos, sie erfüllen uns mit Freude, Ehrfurcht und Entzücken. Blitze sind schon bald einmal bedrohlich. Im Sprachgebrauch ist dieses Erleben bildhaft vorhanden. Wir sprechen vom Licht der Erkenntnis, von der Erleuchtung, der Illumination und vom Gedankenblitz. Oder es geht einem ein Licht auf. Ein Aha-Erlebnis, welches als von oben her kommend erlebt wird, symbolisiert oft eine spirituelle Gabe.

DAS AUSSCHLÜPFEN, DIE GEBURT, EINE NEUE TÜRE

Hier geht es nicht um eine plötzlich einbrechende Erkenntnis. Das Neue wird erwartet, aber die Zeit muss dafür reif werden. Man ahnt zwar, dass sich eine grundlegende, geheimnisvolle Wandlung vollzieht. Wie aber dieses ganz andere Neue aussehen soll, ist unbekannt. Der Schmetterling, der aus der Puppe schlüpft, entspricht dem Wunder des Neuen in seiner Schönheit und ebenso in seiner Verletzbarkeit.

Wie wir uns über das Neue freuen und uns davon berühren lassen, zeigt der folgende Traum: «Mein Kollege wird morgen seinen Geburtstag feiern, und wir wollen ihn mit einem Geschenk überraschen. Ich kaufe hundert Schmetterlingspuppen und einen speziellen Käfig, den man auf der äußeren Seite seines Fensters befestigen kann. So kann das Geburtstagskind beim Aufwachen sehen, wie hundert Schmetterlinge in allen Farben und Größen ausschlüpfen. Wir freuen uns schon zum Voraus über seine Freude.» Die ausschlüpfenden Schmetterlinge in diesem Traum versinnbildlichen eine wunderbare Verheißung. Wir können dieses Bild als Ausdruck eines vielfarbigen kreativen Potenzials verstehen. Der Geburtstag des Kollegen verstärkt den Eindruck, dass sich für den Träumer Neues ankündigt. An ihm liegt es nun, dieses Potenzial umzusetzen.

Symbolisch gesehen ist eine Geburt der Moment, in welchem sich das Neue erstmals zeigt. Es geht hier nicht um den Geburtsvorgang an sich, sondern um den Augenblick, wo der Haarschopf des Neugeborenen ans Tageslicht kommt, oder um den Moment des ersten Schreis. Die Entwicklung des Kindes während der Schwangerschaft war nicht sichtbar. Auch in der Inkubationszeit kann nicht beobachtet werden, was sich wie wandelt. Selbst wenn es heute durchaus möglich ist, mit Ultraschall das Wachstum des Kindes zu beobachten, so ist dennoch ein neugeborenes Kind Symbol des ganz Neuen, des ganz Anderen. Im Kind liegt die Verheißung einer zukünftigen Entwicklung.

Das Tor, die Türe oder der Durchgang sind Symbol für die Wende. Sie können sich öffnen und den Blick auf Neues freigeben. Diese Türen müssen gesucht werden, oder sie öffnen sich überraschend. Immer zeigt sich hinter der Türe das Unerwartete, welches einen Stimmungsumschwung und frische Energie mit sich bringt. Auf die Tür als Traumsymbol kommen wir im dritten Kapitel zurück.

Wie wir gesehen haben, kommen Blitze, Lichterscheinungen und Engel vom Himmel herab. Ein Aha-Erlebnis, welches als von oben her kommend erlebt wird, symbolisiert eine spirituelle Gabe.

DAS ERWACHEN

Der Moment der Erkenntnis ist wie ein Erwachen. So ergeht es dem «Trommler» im gleichnamigen Märchen der Gebrüder Grimm. Der Märchenheld hat während eines ganzen Morgens versucht, mit einem Fingerhut das Wasser eines großen Teichs auszuschöpfen, um so den unmöglichen Auftrag einer Hexe zu erfüllen. Nach Stunden mühseliger Arbeit sieht er ein, dass die Aufgabe nicht zu erfüllen und seine Anstrengung sinnlos ist. Er ist am Verzweifeln. Da erscheint ein schönes unbekanntes Mädchen. Er darf seinen Kopf in ihren Schoss legen und schlafen. Wie er die Augen aufschlägt, ist die ganze Arbeit getan.[50] Ein Umschwung kann dann eintreten, wenn nach einer übergroßen und scheinbar fruchtlosen Anstrengung Verzweiflung und Resignation eintritt und damit verbunden auch ein Loslassen. Auch das Einschlafen ist ein Loslassen.

In Redewendungen küsst die Muse den schlafenden Jüngling, der darob erstaunt die Augen aufschlägt. – In dieser Allegorie wird nochmals klar: Wenn man nach der Muse ruft, kommt sie bestimmt nicht. Ärgerlich! Wo ist sie? Tändelt sie herum? Oder küsst sie einen andern? Macht sie gar selbst ein Mittagsschläfchen? Nie ist sie da, wenn man sie braucht. Sie kommt nicht auf Bestellung.

Auch Märchenheldinnen werden wach geküsst. Dies geschieht beim Dornröschen nach einem hundertjährigen Schlaf. Durch den Kuss des Prinzen wird eine alte erstarrte Ordnung aufgelöst, und die Heldin erwacht zu neuem Leben.

Der Kuss weckt nicht nur, er erotisiert auch. Der Schlaf, welcher symbolisch gesehen der Inkubation entspricht, war dumpf und fern jeder Erotik. Nun ist sie plötzlich da. Der schöpferische Sprung erfolgt in der intimen Begegnung des Kusses. Dieser weckt und erweckt auch die Lebensgeister. Innerpsychisch gesehen treten weibliche und männliche Seelenanteile in eine fruchtbare Beziehung. Die Erstarrung ist vorbei.

UND DER KÖRPER?

Der Moment der Erkenntnis ist nicht nur ein geistiges oder visionäres Geschehen, er wird auch körperlich erlebt. Wie wir gesehen haben, stellt sich unvermutet neue Energie ein, sie erfüllt den ganzen Körper. Wer zuvor müde vor sich hindöste, springt auf und hat Lust zu tanzen.

Nicht nur Energie, auch Erotik ist plötzlich da. Das Herz klopft schneller, die Wangen röten sich, die Augen funkeln, und ein Gefühl von Lebendigkeit durchzieht prickelnd den Körper. Man ist wie verliebt in die Idee, welche einem zugefallen ist, ganz als wäre es eine Begegnung mit einem lebenden Menschen.

Die bildhafte Sprache, in der Erfahrungen aus dem Gestaltungsprozess beschrieben werden, beinhaltet immer wieder Bilder aus der weiblichen und aus der männlichen Erfahrung der Sexualität. Es ist immer wieder die Rede von befruchtenden Ideen, vom Empfangen, schwanger Gehen, Ausbrüten bis hin zur Geburt einer Idee.

Ebenfalls werden Ausdrücke gebraucht wie «Stoßkraft», «Durchbruch», oder «in Angriff nehmen» und nicht zuletzt das «potente» und das «geile» Arbeiten. Sorglos werden gegenseitig Bilder aus der Erfahrung des anderen Geschlechts übernommen. Es gibt alle Schattierungen von einem prickelnden Wohlgefühl bis hin zum körperlichen Erleben von Ekstase und Verschmelzungsgefühlen mit der ganzen Welt.[51] Neuer Glanz scheint über allen Dingen zu liegen.

WIE WIRD AUF DEN MOMENT DER ERKENNTNIS REAGIERT?

So unterschiedlich wie die symbolischen Bilder zum Moment der Erkenntnis sind, so unterschiedlich ist das Erleben des Momentes der Erkenntnis. Kleine Sternchen, heftige Blitze, winzige Quellen oder schreckliche Geysire; sie alle führen zum Aufjubeln, zum Staunen, zum Erschrecken, zum Gelähmtsein, zum Beschwingtsein, und vor allem zum Tätigsein.

Die Energie, welche durch den Moment der Erkenntnis freigesetzt wird, trägt in die Arbeitszeit hinüber. Im besten Fall kann man den Schwung unmittelbar nutzen und von ihm getragen mit der Arbeit beginnen. Meistens sind wir jedoch eingeschränkt durch bestehende Zeitpläne und müssen zuwarten, bis wir Zeit haben, die Arbeit auszuführen. «Die erste Energie nach dem Aha-Erlebnis ist die schönste Energie», sagt ein Studierender, «später ist sie nur noch Second-hand-Energie.» Mit beruflicher Erfahrung lässt es sich aber auch mit Second-hand-Energie ganz gut arbeiten.

Ist eine neue Erkenntnis mit Wucht dahergekommen, so muss man sich erst auffangen und braucht eine Zwischenzeit, ehe man sie umsetzen kann. Hier muss die Energie zuerst etwas abflauen, und das überrollte Ich muss sich wieder festigen, ehe mit der Umsetzung begonnen werden kann.

Hat sich die Erkenntnis nur als scheue Ahnung gezeigt, so ist man oft genötigt, ohne eine eindeutige Vision mit der Arbeit zu beginnen. Man nimmt Witterung auf und tastet sich vorwärts wie ein Tier, welches eine Fährte aufnimmt. Man beginnt zu arbeiten, ohne den Weg oder das Ziel zu kennen. Auch so lässt sich das Ziel erreichen.

Es kann auch sein, dass eine kleine Anfangsidee wie eine Initialzündung wirkt. Beim Arbeiten löst sie eine nächste Idee aus und diese wieder die nächste. Es entstehen so ganze Ketten von kleinen Zündungen. Und mit jeder dieser Mini-Zündungen wird neue Energie freigesetzt. So kann man getrost diesen Ketten entlang vorwärts arbeiten.

Gibt es Gründe, eine wunderbare Vision nicht umzusetzen? Eine Studierende bekennt: «Meine schönsten Ideen bringe ich nicht zu Papier. Ich habe Angst, dass ich sie durch meine Darstellung entweihe.» Sie lässt sich ergreifen von der numinosen Ausstrahlung der Idee und befürchtet, dass diese den Glanz verliert, wenn sie in die Realität umgesetzt wird.

Oft steht eine ganze Auswahl von Ideen und Visionen zur Diskussion. Sie müssen gegeneinander abgewogen werden. Welche eignet sich am ehesten zur Umsetzung in die Realität, welche soll ausgeführt werden? Ideen werden verworfen oder angenommen. Entscheidungen müssen gefällt werden, ehe die Produktion beginnt.

Andere Eingebungen werden nicht umgesetzt, da sie in ihrem Wert nicht erkannt werden. Und noch viel mehr Ideen werden nicht verwirklicht, weil man sich ihnen unter den unglaublichsten Vorwänden zu entziehen versucht: «Ich kann es nicht.» – «Ich habe jetzt gerade keine Zeit.» – «Ich muss etwas anderes machen.» – «Wo würde das hinführen?» – «Ich wage es jetzt nicht.» Hinter diesen Ausflüchten stecken oft diffuse Ängste. Der eine hat Angst, der Aufgabe nicht gewachsen zu sein. Eine andere befürchtet, etwas zu entwickeln, was ihr Konflikte eintragen könnte. Ein dritter weigert sich, seinen Fuß in Neuland zu setzen. Und eine vierte will nicht riskieren, mit ihren ästhetischen Grundsätzen in Konflikt zu geraten. Manchmal reichen auch einfach die Kräfte nicht aus, oder die notwendigen Umstände sind zu widrig. Oft bleibt dann ein schales Gefühl von «verpasstem Leben» zurück.

EIN ZUVIEL AN ENERGIE

Kehren wir zurück zum Bild von Angelika Kauffmann. In ihrem Bild lässt sie der Künstlerin Flügel am Kopf wachsen. Offensichtlich sind die Flügel Ausdruck ihrer Begeisterung und der Befreiung. Es ist ebenso klar, dass diese Flügelchen sie nie in die Luft tragen könnten. Sie bleibt auf dem Boden. Nicht alle sind so gut geerdet wie die Gestalt in Angelika Kauffmanns Bild. Der Energieschub und die Begeisterung nach einem Aha-Erlebnis kann so intensiv sein, dass man über kürzere oder längere Zeit abhebt und den Boden unter den Füßen verliert. Symbolisch gesehen wachsen Flügel, die tatsächlich durch die Luft tragen können. Wehe man fliegt zu hoch. Es kann einem ergehen wie dem griechischen Jüngling Ikarus. Zusammen mit seinem Vater Dädalus hatte er Flügel gebaut, deren Federn mit Bienenwachs zusammengehalten wurden. In der Begeisterung des Fliegens stieg er höher und höher. Dabei näherte er sich zu sehr der Sonne, so dass das Bienenwachs schmolz, die Flügel sich auflösten und er zu Tode stürzte.

Was hat die Sage von Ikarus mit dem Aha-Erlebnis zu tun? In der Begeisterung riskiert das Ich, sich aufzublähen. Die Inflation des Ichs schwächt den Bezug zur Realität. Die Bodenhaftung nimmt ab. Da wird die Begeisterung maßlos und verbrennend.

Der Energiezuwachs, den die Faszination von einer Idee auslöst, kann zum Energiesturm anschwellen. Dazu ein Beispiel: In einer Gruppe von Studierenden wurden einige wenige von der Idee eines gemeinsamen Projektes so fasziniert, dass sie sich nicht mehr angepasst in der gesamten Gruppe verhalten konnten. Sie spürten nicht mehr, wie laut sie waren. Sie rannten hin und her, schmiedeten Pläne und suchten Material zusammen. Sie waren wie besessen von ihrer eigenen Arbeit und außer Stande, den Rest der Gruppe noch wahrzunehmen. Die übrigen Studierenden fühlten sich gestört und begannen sich begreiflicherweise zu ärgern. Um den außergewöhnlichen Arbeitseifer nicht zu bremsen, musste der Gruppe ein eigener Raum gegeben werden.

Dieses überangetriebene Verhalten mit dem gleichzeitigen Verlust an sozialer Bezogenheit ist für Außenstehende störend und vor allem auch beunruhigend. Betroffene können sich nicht mehr bremsen; sie können kaum mehr schlafen, da die Gedanken weiter rasen. In ihrem Eifer nehmen sie keine Grenzen mehr wahr. Sie sind in einem ekstatischen Zustand. Das Energierasen führt auch zu einem gestörten Realitätsbezug.

Die drei erwähnten Studierenden wollten dann in einer Performance auf der Straße ihren eigenen Tod inszenieren. Sie planten tatsächlich, sich auf die Schienen vor eine fahrende Tram zu legen! Sie rechneten damit, dass die Tram schon rechtzeitig bremsen würde und vergaßen, wie lange der Bremsweg eines solchen Fahrzeugs ist. Ihr tollkühnes Projekt wurde lebensgefährlich. In diesem Zustand brauchten sie neben sich andere Menschen, die außerhalb des Soges standen und den Bezug zur Realität nicht verloren hatten.

Dieses Zuviel an einbrechender Energie führt auch zu Rastlosigkeit. Man kennt keine Ruhe mehr, ist Tag und Nacht angetrieben; bildhaft gesehen brennen die Sicherungen durch. Für eine begrenzte Zeit ist dieser Zustand äußerst lustvoll und produktiv. Wenn die Idee inkarniert werden kann, wenn sie «auf den Boden» gebracht wird, endet diese Episode von selbst. Rückblickend hat sie eine überaus sinnvolle Funktion gehabt. Sie hat die Energie zu einer überdurchschnittlichen Leistung geliefert. Wenn dieser angetriebene Zustand andauert, wird es für die Umgebung schwer, ihn von einem krankhaften maniformen Zustand zu unterscheiden.[52] Der Übergang zwischen gesund und krank ist fließend. Erschwerend kommt hinzu, dass es erst im Nachhinein möglich ist, den Beweis für ein gesundes kreatives Verhalten zu erbringen. Oft legitimieren erst die Früchte der Arbeit den vorangegangenen Grenzzustand.

Halten wir nochmals fest: eine vorübergehende maniforme oder depressive Episode ist nicht krankhaft, auch wenn der Energieschub so groß ist, dass man Nächte durcharbeitet und das Essen vergisst.

Für die Mitmenschen ist dieser Zustand dennoch sehr irritierend. Sie fragen sich wohl ab und zu, ob der Gestaltende nicht doch ein bisschen verrückt sei. Merkwürdig wirken ja die extremen Schwankungen seines Gemütszustandes. Während der Inkubationszeit hängt er antriebslos herum. Nach dem Moment der Erkenntnis ist er kaum wieder zu erkennen; er sprüht geradezu vor Energie.[53]

Schon allein das außergewöhnliche Ausmaß an Energie kann bedrohlich wirken. Machen nicht auch Jugendliche, welche so richtig im Saft sind, einigen Mitmenschen Angst? Unwillkürlich vergleichen wir die kreative Ergriffenheit mit psychischen Grenzzuständen, welche uns beunruhigen. Damit erschweren wir dem «Ergriffenen» seine Umsetzungsarbeit. Unsere Kultur hat wenig Raum für ekstatische Grenzzustände.

Ein Aha-Erlebnis kann auch einen genialen Komponisten vorübergehend völlig aus der Bahn werfen. Max Kalbeck beschreibt eine Begegnung mit seinem Freund Johannes Brahms wie folgt:

«In Ischl hatte ich ein paar Mal unverhofft Gelegenheit, Brahms bei der Arbeit zu belauschen. Frühaufsteher und Naturfreund wie er, war ich an einem warmen Julimorgen sehr zeitig ins Freie gegangen. Da sah ich plötzlich vom Walde her einen Mann über die Wiese her auf mich zugelaufen kommen, den ich für einen Bauern hielt. Ich fürchtete, verbotene Wege betreten zu haben, und rechnete schon mit allerlei unangenehmen Eventualitäten, als ich in dem vermeintlichen Bauern zu meiner Freude Brahms erkannte. Aber in welchem Zustand befand er sich, und wie sah er aus! Barhäuptig und in Hemdsärmeln, schwenkte er den Hut in der einen Hand, schleppte mit der andern den ausgezogenen Rock im Grase nach und rannte so schnell vorwärts, als würde er von einem unsichtbaren Verfolger gejagt. Schon von weitem hörte ich ihn schnaufen und ächzen. Beim Näherkommen sah ich, wie ihm von den Haaren, die ihm ins Gesicht hingen, der Schweiß stromweise über die erhitzten Wangen herunterfloss. Seine Augen starrten geradeaus ins Leere und leuchteten wie die eines Raubtieres. Er machte den Eindruck eines Besessenen. – Ehe ich mich von meinem Schrecken erholte, war er an mir vorbeigeschossen, so dicht, dass wir einander beinahe streiften. Ich begriff sofort, dass es ungeschickt von mir wäre, ihn anzurufen. Er glühte vom Feuer des Schaffens. Nie werde ich den beängstigenden Eindruck der elementaren Gewalt vergessen, den der Anblick der Erscheinung in mir zurückließ.»[54]

Brahms erlebte Inspirationen von einer derartigen Wucht, dass er wie blind nachhause rannte, ohne seine Umgebung wahrzunehmen, vorwärts gedrängt von einem ungeheuren inneren Druck, seine Eingebung sofort aufs Blatt zu bringen.

ÜBERWÄLTIGENDER INHALT

Ein Zuviel an unbewussten Inhalten kann mit der Wucht einer Naturkatastrophe die Persönlichkeit überschwemmen. Eine derartige Überflutung entsteht, wenn einerseits die unbewussten Inhalte übermächtig sind und wenn auf der anderen Seite die Ich-Struktur zu schwach ist. Klares Denken und zielgerichtetes Handeln sind dann erschwert. Ebenso ist die Kommunikation beeinträchtigt. Psychoseähnliche Grenzzustände treten oft vorübergehend auf und sind nicht weiter beängstigend.[55] Bei einem «gesunden» Menschen ist der Grenzzustand des Überschwemmtseins ein nicht ganz einfaches, aber durchaus zu bewältigendes Durchgangsstadium. Er braucht dann unbedingt genügend Zeit, Verständnis und eine gut strukturierte Umgebung. Dies ermöglicht ihm, aus eigener Kraft die neu gewonnenen Inhalte zu integrieren.

Für Außenstehende ist es schwer zu unterscheiden, ob es sich um einen vorübergehenden Ausnahmezustand handelt, welcher zur kreativen Arbeit gehört, oder um eine ernsthafte psychische Erkrankung. Unter Umständen erschrecken sie und pathologisieren den Betroffenen. Schlimmstenfalls verunmöglichen sie ihm, seine Vision umzusetzen. Jedoch genau diese Umsetzungsarbeit braucht der Gestaltende, um wieder in seinen normalen Zustand zurückzufinden.

Auch psychotische Menschen gestalten.[56] Aber sie tun es weitgehend unbewusst. Besonders schwer fällt ihnen, das Geschaffene am Ende des Gestaltungsprozesses bewusst zu erfassen. Damit ist die Phase der Überprüfung und der Kommunikation, auf die wir noch zu reden kommen, gestört. Auch die Phase der Erholung fällt oft ganz weg. Es kann ein rasendes Produzieren entstehen, ein Bild jagt das andere. Die Produktion der Bilder wird damit zum Selbstzweck.

Der Psychiater Stanislav Grof befasst sich in seinem Buch «Spirituelle Krisen»[57] mit Psychosen, die auf Grund nicht integrierter Erkenntnis ausgebrochen sind. Er legt dar, dass unsere Kultur wenig Mittel und Rituale besitzt, welche Hilfe bieten, um solche überwältigenden Momente der Erkenntnis zu integrieren. Grof spricht ein drängendes Problem in unserer Gesellschaft an. Kreative Menschen in Ausnahmezuständen sind unangepasst und wirken bedrohlich. Immer wieder stehen sie in Gefahr, pathologisiert zu werden, wie wir das auch bei Jugendlichen kennen.

Wo existieren Gefäße für Grenzzustände und ekstatische Zustände? Es braucht psychologische und kunstpädagogische Unterstützung, die in das Gestalten zurückführt. Damit wird die Integration von überwältigenden unbewussten Inhalten wieder in fruchtbare Arbeit umgesetzt.

Zurzeit befasst sich die Neuropsychologie mit dem unerforschten Zwischenbereich zwischen dem durchschnittlich gesunden und dem kranken assoziativen Verhalten. Der Neuropsychologe Peter Brugger definiert kreatives Denken als «das Aufdecken von Zusammenhängen zwischen Konzepten, welche nicht offensichtlich verwandt sind.» Er weist darauf hin, dass akut psychotische Personen ein auffallendes Assoziationsverhalten zeigen; sie ziehen ungewohnte, indirekte Assoziationen direkten Trivialbezügen vor. Das beschriebene Assoziationsverhalten psychotischer Menschen entspricht Peter Bruggers Definition vom kreativen Denken. Daher vermutet er, dass hochkreative Personen über ein ähnliches Assoziationsverhalten verfügen. Dieser Bereich ist noch unerforscht. Gesunde kreative Menschen können, im Gegensatz zu kranken, ihre außergewöhnliche Assoziationsfähigkeit erkennen, integrieren und für ihre Arbeit nutzen.[58]

Um nicht mit der Beunruhigung über die Nähe zwischen Gesundem und Krankem zu schließen, möchten wir hier auf ein Bild von Marc Chagall hinweisen: Marc Chagall zeigt, wie er als Maler vor seiner Staffelei sitzt. Ihm zur Linken erscheint ein Engel, auf einer Wolke stehend. Dieser weist mit der einen Hand gegen oben, mit der anderen nach unten und verbindet mit dieser Geste Himmel und Erde. Religiös eingebettet, wie Marc Chagall ist, erlebt er die Inspiration als Engel, der ihm eine Botschaft überbringt. In der Art, wie er sich selber darstellt, wird sichtbar, wie bescheiden er in diesem Moment der Inspiration bleibt. Er erlebt sich keineswegs als den Schöpfer der Botschaft, lediglich als deren Empfänger.

DIE ZEIT DER ARBEIT

*Ihre angesammelte
Energie setzt sich um
in eine ausgreifende
Bewegung. Die Natur ver-
bindet sich mit
ihrem Pinselstrich.
Ein Regenbogen entsteht.*[59]

IM SCHWUNG

Das Bild von Angelika Kauffmann stellt die Malerin während ihrer Arbeit dar. Mit den Augen folgt sie dem Pinselstrich. Auf allegorische Weise ist der innere Zustand beim Malen erfasst. Mit ihrem Pinselstrich entsteht ein Regenbogen, er verbindet Himmel und Erde. Die Idee wird inkarniert. Mit Leib und Seele ist sie dabei. Ihre ganze Energie fließt in den Schwung der Bewegung. Die Energie, welche ihr im Moment der Erkenntnis wie eine aufbrechende Quelle geschenkt wurde, trägt sie in die Arbeit hinüber. Das Produkt ihres Tuns ist nebensächlich, eine Leinwand fehlt. Dargestellt ist das Malen selbst, Malen um des Malens willen.

Kennen wir das nicht aus Kinderspielen? Wo wir mit Feuereifer Kuchen aus Sand und Wasser hergestellt haben, wo wir Tunnels durch Berge gruben, oder wo wir mit größter Hingabe mehrere Puppen ungeheure Geschichten erleben ließen? So wie Kinder selbstvergessen spielen können, so lässt Angelika Kauffmann ihre Künstlerin malen. Ihr Tun ist nicht zielgerichtet. Sie verkörpert Konzentration und Hingabe gleichzeitig. Erwachsen wie sie ist, verfügt sie immer noch über die kindliche Fähigkeit, im Augenblick aufzugehen. – Der Begriff «selbstvergessen» ist zwar geläufig, aber er kann missverstanden werden. Nicht das Selbst, der Wesenskern, wird vergessen. Das Ich wird vergessen. Das Ich als zielorientierte und auf das Handeln ausgerichtete Instanz tritt in den Hintergrund. Damit erhält das Selbst mehr Raum. Gefühle, Körperempfindungen und Intuition haben Platz und kommen ins Fließen.

Eine Studierende der Hochschule für Gestaltung und Kunst schildert diesen Zustand mit den folgenden Worten: «Ich muss irgendwie in mir herunterrutschen, damit ich mit dem Bauch malen kann und nicht mit dem Kopf. Mit dem Kopf fühle ich mich wie eine Studentin, mit dem Bauch malt es mit mir.»

Ein Studierender beschreibt, wie er zu einer Bewegung gelangt, welche nicht vom Willen gesteuert ist: «Meine Hand muss die Führung übernehmen, sie weiß was machen.» Dabei führt er weiche Bewegungen mit der Hand aus, die gelöst aus dem Körper kommen und Schulter, Ellbogen und

Hand umfassen. «Wenn ich mit dem Willen male, ist das ganz anders.» Nun bewegt er die Hand in härteren, abgehackten Bewegungen. Man sieht, wie die Hand vom Willen zur Bewegung gezwungen wird.

Die beiden Studierenden sind in guter Gesellschaft. Auch der Maler Joseph Beuys sagt: «Ich denke sowieso nur mit dem Knie.»[60]

DAS FLOW-ERLEBEN

Dieser Zustand von Ich-Vergessenheit und fließender Energie im Tätigsein wird als «Flow» bezeichnet. Mihaly Csikszentmihalyi hat ihn geprägt und beschrieben.[61] Das vielleicht deutlichste Anzeichen von Flow ist das Verschmelzen von Handlung und Bewusstsein.

Ein Mensch im Flow-Zustand ist sich seiner Handlung bewusst, kaum aber seiner selbst. Er vergisst nicht nur sich selbst mit allen seinen Bedürfnissen wie Durst, Hunger und Müdigkeit. Auch die Umwelt außerhalb seiner Arbeit nimmt er nicht mehr wahr. Er hört keine Türe aufgehen, kein Auto vorbeifahren und riecht Essen, das auf dem Herd am Anbrennen ist, nicht mehr. Er vergisst sogar, dass im Raum, in dem er sich befindet, noch andere Menschen sind. Und er hat kein Gefühl für die verstreichende Zeit. Wenn er aus seiner Versunkenheit wieder auftaucht, stellt er erstaunt fest, dass es schon dunkel geworden ist und dass die Kollegen längst weggegangen sind. Außerdem merkt er plötzlich, dass er unglaublich hungrig ist. Das Flow-Erleben beschränkt sich nicht auf kreatives Arbeiten. Mihaly Csikszentmihalyi hat Kletterer, Komponisten, Tänzer, SchachspielerInnen und Basketballspieler befragt, wo sie Flow am häufigsten erleben. Er hat festgestellt, dass Flow-Zustände im eigenen Beruf auffallend oft vorkommen. Es bleibt offen, ob das Flow-Erleben Einfluss auf die Berufswahl hat. Es ist aber anzunehmen, dass das Flow-Erlebnis sich dort am häufigsten einstellt, wo die Tätigkeit besonders gut beherrscht wird.

Das Flow-Erleben bringt eine Erfahrung von Ganzheit mit sich, die glücklich macht. Kein Wunder, dass man einen solchen Ausnahmezustand von Ganzheit und Glück immer wieder sucht.

Der Psychologe Erich Neumann spricht vom Erleben der «Einheitswirklichkeit». Darunter versteht er das Gefühl von Übereinstimmung, das sich einstellt, wenn man sich sowohl bei sich, als auch eingebettet in eine größere Wirklichkeit erlebt. Wird in dieser inneren Übereinstimmung mit der «Großen Wirklichkeit» gearbeitet, so entwickelt sich mit der veränderten äußeren Realität gleichzeitig die eigene Persönlichkeit.[62] Mit jedem Arbeitsschritt ergibt sich auch ein innerer Wachstumsschritt.

Das Erleben von Ganzheit ist begleitet von einem Glücksgefühl. In gesteigertem Zustand wird es als Ekstase erlebt. Eine Studierende, befragt nach einem solchen Ausnahmezustand, äußert sich wie folgt: «Ich bin sehr konzentriert und gehe in meiner Arbeit auf. Bin irgendwo anders. Wenn es mich packt, dann vergesse ich die Zeit gänzlich und kann nicht mehr aufhören. Das wird dann zu einer Sucht, und ich fühle mich sehr überdreht, in Ekstase. Das hat mir auch schon Angst gemacht. Das kann stundenlang dauern, zehn bis zwölf Stunden.»[63]

Die Ekstase ist eine Art Rauschzustand. Man ist in sich und gleichzeitig außer sich. In unserer Gesellschaft ist Ekstase eher verpönt, da dieser Zustand mit Drogen und Alkohol assoziiert wird. Kulturelle und religiöse Gefäße für ekstatische Zustände fehlen bei uns. Kein Wunder, dass die Studentin von Angst spricht. – Christian Morgenstern fasst diesen Zustand in verdichtete Worte:[64]

Lass die Moleküle rasen,
was sie auch zusammenknobeln!
Lass das Tüfteln, lass das Hobeln,
heilig halte die Ekstasen!

Das Arbeiten im Flow ist ein leicht zu störender Zustand. Die Verschmelzung mit dem eigenen Tun ist üblicherweise von kurzer Dauer. Sobald die Aufmerksamkeit kippt und man sich seiner selbst wieder bewusst wird, ist der Flow-Zustand unterbrochen. Dann kann die Arbeit mit Abstand betrachtet und reflektiert werden. Selbstverständlich gehören auch sporadische Reflexionen zur Arbeit. Unterbrechungen treten auch unbeabsichtigt auf, wenn der handelnden Person Fragen der folgenden Art durch den Kopf gehen: «Was tue ich hier?», «Sollte ich das wirklich tun?», «Mache ich meine Sache gut?».

Selbstzweifel unterbrechen unweigerlich den Flow-Zustand. Betty Edwards beschreibt in ihrem kunstpädagogischen Buch das unterschiedliche Funktionieren der linken und der rechten Hirnhälfte. Die linke Hirnhälfte bestimmt das rationale Denken und die Sprache. Die rechte bestimmt das assoziative Denken sowie das Gefühl und die Intuition. Die Arbeit mit der rechten Hirnhälfte entspricht annähernd dem Flow-Zustand. Die linke Hemisphäre scheint ihre dominante Rolle ungern abzugeben. Kontrollierend und ungeduldig unterbricht sie immer wieder das Funktionieren der rechten. Sie scheint nicht zu verstehen, dass die rechte über Möglichkeiten verfügt, von denen die andere keine Ahnung hat. Es spielt sich ein Kampf zwischen Denken und Schauen ab. Betty Edwards weist auf Wege hin, wie das bewusste Hin- und Herkippen zwischen dem links- und dem rechtshemisphärischen Funktionieren erleichtert werden kann. Das sinnvolle Einsetzen der beiden Funktionsmöglichkeiten ist die «Hohe Schule» der Arbeitstechnik.[65]

Ein Studierender beschreibt eine Erfahrung, bei der ein Teil der Persönlichkeit im Flow-Zustand ist, während ein anderer Teil der gleichen Person im kritisch Rationalen bleibt. «Wenn ich arbeite, verdopple ich mich sozusagen. Damit ich ganz abtauchen und ganz instinktiv arbeiten kann, lasse ich einen Teil meiner selbst draußen. Der überlegt dann ganz nüchtern, ob ich etwas machen soll oder nicht. Oder auch, wie ich es anpacken soll, oder ob es so oder so schöner sei.»

Das sieht wie eine Spaltung der Persönlichkeit aus. Es ist aber ein gewollter Zustand, in den man sich absichtlich und nur vorübergehend begibt. Der Studierende sagt weiter: «Ich fühle mich dann wie ein U-Boot, das abtaucht. Das Boot hat aber so etwas wie einen hohen Masten, der noch über die Wasseroberfläche ragt, und auf dem jemand steht und die Übersicht behält.»

Auch in Träumen gibt es diese Verdoppelung des Standpunktes, wo man sich bewusst ist, dass man träumt. Man erlebt die Traumhandlung wie einen Film, den man sich anschaut, oder wie ein Buch, das man liest. Dies wird luzides Träumen genannt. – In der Meditation spricht man vom so genannten Zeugenstand. Man meditiert, ist ganz versunken und nimmt sich gleichzeitig als Meditierender von außen war.

GRENZZUSTÄNDE DES BEWUSSTSEINS

Bewusstsein und Unbewusstes sind nie vollständig von einander abgetrennt. Im Wachen sind wir im Bewusstsein zentriert, während des Schlafens im Unbewussten. Auch in den Schlaf kann ein reales Geräusch, wie z.B. das Läuten des Telefons eindringen. Und ebenso kann man bei hellem Wachsein in Tagträume abschweifen.

Grenzzustände sind zwischen Wach- und Schlafzustand anzusiedeln. Die zielgerichtete Aufmerksamkeit ist dann nur begrenzt möglich. Es gibt eine ganze Palette von Grenzzuständen des Bewusstseins, oder «abaissements du niveau mental» wie der psychologische Fachausdruck lautet. Wir beschränken uns auf diejenigen, welche in einem schöpferischen Arbeitsablauf eine wichtige Rolle spielen.

Während wir mit einer kreativen Arbeit beschäftigt sind oder ein Forschungsprojekt verfolgen, stellen sich unterschiedliche Grenzzustände ein. In der Zeit des Sammelns können sich, wie erwähnt, synchronistische Ereignisse einstellen, die auf einer außergewöhnlichen Verbindung zwischen Unbewusstem und Realität beruhen. Man ist in sich versunken, in Gedanken versunken, thematisch versunken. Innerlich tauchen wir gleichsam ab, und es kommt uns vor, wie wenn sich eine Tür zum Unbewussten öffnen würde. Dieser psychische Grenzzustand beruht auf einer erhöhten Durchlässigkeit zwischen Bewusstsein und Unbewusstem. Innere Bilder können sich mit realen Bildern überlagern.

Ganz anders sieht es während der Inkubation aus. Das Gesammelte wird nun innerlich gedreht, gewendet und verdaut. Dieses Bearbeiten und Bebrüten braucht Energie, welche dem Bewusstsein entzogen wird. Deshalb sind vom Befinden her die Batterien wie leer. Das bewusste Wahrnehmen scheint vernebelt. Dieser Grenzzustand tritt ein, wenn dem Bewusstsein Energie entzogen wird. Er gleicht einer Trübung.

Im Moment der Erkenntnis führt das Erscheinen einer neuen Idee zu einem Energieumschwung. Plötzlich ist man voll neuer Energie, ist ergriffen oder fühlt sich gar wie entrückt. Das Bewusstsein wird kurzfristig überschwemmt von Inhalten aus dem Unbewussten. Dieser Grenzzustand ist verbunden mit einem Überfluss an Energie. Man ist wie von hellem Licht geblendet. Und wiederum hat sich für einen Moment die Tür zum Unbewussten geöffnet.

Und der Flow-Zustand? Ähnlich wie im schlafwandlerischen Zustand des synchronistischen Sammelns befindet man sich an der Grenze zwischen Bewusstsein und Unbewusstem. Bildlich gesprochen ist auch hier die Tür geöffnet, man bewegt sich hin und her über die Türschwelle und nimmt gleichsam an beiden Welten teil. Man kann sich auch einen Schwimmer vorstellen, der in der Luft einatmet und im Wasser ausatmet und sich so immer über und unter dem Wasserspiegel bewegt. Dabei fühlt sich der Schwimmer wie entrückt. Er erlebt die Ewigkeit als reine Gegenwart und ist glücklich dabei. Er kann jedoch aus dem Wasser steigen und wieder hinein springen. – Interessanterweise wirkt der Flow-Zustand auf andere ansteckend. Es ist ein Grenzzustand in Bewegung, ein glückliches sich Bewegen auf der Grenze.

VON AUSSEN GESEHEN

Für den Umgang mit Menschen im Flow-Zustand gilt das Gleiche wie für den Umgang mit Schlafwandlern. Niemand kommt auf den Gedanken, einen Schlafwandler, der gerade mit akrobatischer Sicherheit über einen Dachfirst wandelt, zu wecken. Er könnte abstürzen. Genau so ungut ist es, einen Menschen aus dem Flow-Zustand herauszureißen. Nicht der Mensch stürzt dabei ab, sondern es entgleitet ihm der «Schatz», den er gerade am Heben ist. Die Enttäuschung, Trauer oder die Wut des aus der Konzentration Gerissenen wird groß sein.

Um sich zu schützen, arbeiten deshalb viele kreativ Schaffende zu «Unzeiten»: nach Mitternacht, oder ab fünf Uhr morgens. So bleibt man ungestört und der «Schatz» kann wirklich gehoben werden.

Im Flow sind Erwachsene wie Kinder. Sie jauchzen, singen und schluchzen, ohne sich dessen bewusst zu sein. Zuschauer können dann durchaus auch einmal den Kopf schütteln.

Max Kalbeck, der schon erwähnte Freund von Johannes Brahms, wurde einmal ungewollt Ohrenzeuge von Brahms im Flow-Zustand. Er schreibt: «Und ebenso unvergesslich bleibt mir die einzige Stunde, in der ich als heimlicher Ohrenzeuge seinen Eingebungen lauschen durfte, die er, aller Wahrscheinlichkeit nach vor der ersten Niederschrift, seinen verschwiegenen Wänden anvertraute. Auch da berührte sich das Dämonische mit dem Künstlerischen auf eigentümliche Weise. Bei einem Vormittagsbesuche in der Salzburgerstraße über die Außentreppe in den Garten hinaufgestiegen, wollte ich eben durch die weitgeöffnete Hintertür eintreten, als ich sah, dass auch die Tür des Musikzimmers offen stand. Zugleich ertönte ein bezauberndes Klavierspiel, das mich auf der Schwelle festgebannt hielt. Es klang wie freies Phantasieren, aber an den öfteren Wiederholungen gewisser Stellen erkannte ich, dass Brahms die bereits fertige Kopfarbeit einer neuen Komposition durchnahm, um sie zu verbessern und auszufeilen. Er wiederholte das Stück mehrere Male in einzelnen Partien und spielte es zuletzt ohne Unterbrechung durch. – Der Genuss wäre einzig gewesen und hätte das Interesse an den Fortschritten seiner Arbeit noch überboten, wenn das Solo nicht in das seltsamste Duo verwandelt worden wäre. Je reicher sich das Werk gestaltete, und je leidenschaftlicher sich der Vortrag steigerte, desto stärker erhob sich ein befremdliches Knurren, Winseln und Stöhnen, das auf dem Gipfel der musikalischen Steigerung in lautes Geheul ausartete. Sollte sich Brahms, ganz gegen seine Neigung, einen Hund angeschafft haben? Dass er die verwünschte Bestie im Zimmer duldete, erschien mir völlig unbegreiflich. – Nach etwa einer halben Stunde hörte mit dem Spiel auch das Geheul auf, der Klaviersessel wurde gerückt, und ich trat in das Zimmer. Von einem Hunde keine Spur. Brahms zeigte sich mir ein wenig verlegen, wischte wie ein schämiges Kind mit der verkehrten Hand über die Augen. Er musste heftig geweint haben, denn die hellen Tropfen hingen ihm noch an dem Bart, und seine Stimme klang weich und unsicher. – Ich tat, als ob ich eben gekommen wäre und nichts merkte. Bald war er wieder seelenvergnügt und zum Scherzen aufgelegt und spielte mir eine Fuge von Bach vor.»[66]

Während des Komponierens gerät Brahms in einen Grenzzustand. Er lässt seinen Gefühlen freien Lauf. Dies kann er nur zulassen, wenn er sich unbeobachtet fühlt. Der Bericht seines Freundes wirft ein Licht auf die unglaublliche Intensität und Hingabe, mit der Brahms gearbeitet hat.[67]

FLOW UND ENERGIE

Im Flow-Erleben wird das Fließen der Energie oft körperlich wahrgenommen. Der Gestaltende nutzt die Energie, welche er im Moment der Erkenntnis erhalten hat, wie ein Surfer, der sich von einer Welle tragen lässt. Flow ist fließende Energie. Ohne Energie ist kein Flow möglich, deshalb sind Müdigkeit, Krankheit und Sorgen hinderlich.

Erstaunlicherweise kommt es vor, dass man nach einer Zeit des Versunkenseins in die Arbeit im Flow-Zustand wie verjüngt aufwacht und einen Zuwachs an Energie verspürt. Das beschreibt der Schriftsteller Wolfgang Hilbig: «Ich warte den ganzen Tag. Zuerst schreibe ich mit der Hand, dann schreibe ich es mit der Maschine ab. Notizen mache ich; aber ich glaube, ich habe noch nie eine verwendet. Beim Abschreiben schleife ich den Text. So schnell wie ich denke, so schnell kann ich schreiben. Also langsam. Ich bin ein Nachtarbeiter. Das kann sich dann bis früh um neun ausdehnen. Am Ende bin ich gar nicht erschöpft, sondern ich werde immer wacher.»[68]

Erstaunlich, wie einer ohne zu ermüden die ganze Nacht durcharbeiten kann. Woher bezieht er die Energie? Es ist anzunehmen, dass er in der Stille der Nacht, wenn das Arbeiten in Fluss kommt, immer wieder durch neue Erkenntnisse bereichert, von einem Aha zum andern in seiner Arbeit vorwärts geht. Er erwähnt das Aha-Erlebnis nicht. Wahrscheinlich spenden, wie beim tropfenden Wasserhahn, Mini-Aha-Erlebnisse immer wieder neue Energie.

Ein möglicher Zuwachs an Energie kann auch daher kommen, dass sich im Flow Spannungen lösen. Im Flow-Erleben kommt man zu sich. Blockierte Energie wird gelöst und steht wieder neu zur Verfügung.

Der Moment der Erkenntnis kann einer wuchtigen Initialzündung gleichen und viel Energie für die Zeit des Arbeitens liefern. Das sahen wir bei

Brahms, der wie von der Tarantel gestochen nachhause stürzte, um seine Vision umzusetzen. Ähnlich ergeht es Ken Wilber, dem amerikanischen Philosophen und Mystiker. Er sagt über seine Arbeitsweise: «Ich hatte immer eine große Abneigung gegen den Moment des Aha, denn die folgenden Monate würden fürchterlich sein. Insbesondere auf Grund der Art und Weise wie ich die Arbeit damals anging. Ich schlief auf einem Sofa, die Schreibmaschine neben mir, stand frühmorgens auf und begann zu schreiben. Ich schrieb ohne Pausen mit einem Liter Milch auf dem Tisch neben mir, und verließ meinen Platz nicht mehr. Ich schrieb etwa fünfzehn Stunden ohne Unterbrechung, ging zu Bett und schrieb nach dem Aufwachen weiter. So ging es Tag für Tag bis zur Fertigstellung des Buches weiter. Ich denke, ich wollte mit dieser Arbeitsweise versuchen, gleichzeitig das gesamte Buch in meinem Geist festzuhalten.»[69]

WEISHEITEN UND TRICKS

Es gibt Arbeitsmethoden und Konzentrationstechniken, um der zielgerichteten Haltung zu entwischen und dem assoziativen Denken, dem Gefühl und der Intuition Raum zu geben. Beinahe jedermann verfügt über einen eigenen Kunstgriff, um besonders gut in den Zustand des Fließens zu kommen.
Was hilft Ihnen, um in den Flow-Zustand zu kommen? Singen Sie beim Bügeln? Pfeifen Sie beim Waschen Ihres Autos? Haben Sie schon einen wendigen Kellner beobachtet, wie er ein Tablett voller Gläser zwischen den Tischen hindurchbalanciert? Oder einen Motorradfahrer auf einer Bergstraße?
Der Schriftsteller Niklaus Meienberg schreibt, wie er diesen Zustand auf Passfahrten im Sommer mit seinem Motorrad erlebt hat: «Vielleicht sollte man es einmal gespürt haben, bevor man leichtfertige Urteile über das Töfffahren[70] abgibt (…) Man wird nicht befördert wie im Auto, man befördert sich, man ist bei der Sache, in einem Zustand höchster Wachheit und Konzentriertheit, die man im Auto nicht braucht, eine Mischung aus

Lustgefühl und Kurvenberechnung und leichtem Überschwang, den man hin und wieder drosseln muss, manchmal auch Lachen vor lauter Wohlbefinden, doch das eigene Lachen hört man nicht bei den Geschwindigkeiten, es wird sofort aus dem Mund gerissen.»[71]

Auch der Maler und Schriftsteller John Berger beschreibt das Motorradfahren und vergleicht es sogar mit dem Zeichnen: «Du bist voll da auf deiner Maschine, und deine Augen sind schon dort, wo du hingelangen willst. Du bist gleichzeitig hier und dort. Dazwischen liegt die Spur, die du legen willst. Und du legst sie; das ist wie Zeichnen.»[72]

Auch das absichtslose Spielen hilft immer, in den Zustand des Fließens zu kommen. Eine Studierende sagt: «Wenn ich blockiert bin, spiele ich herum, ohne genau zu wissen, wo es mich hinführt. Das finde ich unheimlich spannend. Das bringt mich in einen entspannten intensiven Zustand, in dem ich extrem klar und hellwach bin – in einen Wachheitszustand, den ich sonst nicht habe, und wo ich besondere Details wahrnehme. Das ist toll. Ich gehe erfüllt nach Hause. Hab eine Zufriedenheit in mir.»[73]

Der Maler Martin Disler benützt die Bewegung seines Körpers, um sein kritisches Bewusstsein zu überlisten. Er beschleunigt sein Arbeitstempo, um aufkommenden Gedanken keinen Platz zu lassen. Er sagt: «Tatsächlich kann das eine bewusste Überlistungstechnik mir gegenüber sein. In frühen Jahren hat oft zwischen jedem Strich die Leere und die Verzweiflung herausgeschaut. Heute lasse ich mich in den Strudel der Bewegung fallen: schnell zeichnen, von keines Gedankens Blässe angekränkelt, in Fluss kommen entgrenzt.»[74] Der Körper hat seine eigene Erinnerung und seine eigene Weisheit.

Der Land-Art-Künstler Andy Goldsworthy arbeitet mit Ebbe und Flut, mit einbrechendem Wind und dem Schmelzen des Eises. Damit bettet er sich in die Bedingungen und in den Rhythmus der Natur ein und begrenzt so seine Zeit. Er sagt: « Die Zeit ist mir auf den Fersen. Sie ist ein großer Lehrer. Atemlosigkeit und Ungewissheit … geben Energie.»[75]

Auch der achtsame Umgang mit dem eigenen Atem kann den Flow-Zustand unterstützen. Eine Atemtherapeutin sagt dazu: «Wenn meine Energie fließt, erlebe ich dies als Kreislauf in mir und außer mir. Ich fühle mich sozusagen eingeschlossen darin und selber als Teil davon. So genieße ich meinen inneren und äußeren Spielraum als schöpferische Möglichkeit. Ein Kennzeichen dafür ist immer, dass mein Atem ungehindert fließen kann, und dass mein Körper in einer guten Spannung ist. Das ist ‹Atemkraft› oder ‹Atemsubstanz›.[76] In diesem Zustand fühle ich mich empfänglich und schöpferisch zugleich; es herrscht ein Gleichgewicht zwischen Nehmen und Geben. In Zusammenhang mit dem Atem bekommt so das Wort ‹Inspiration› seine volle Bedeutung. – Wenn die Energie nicht fließt, bin ich aus dem Gleichgewicht gefallen. Die Ursache kann in den Gedanken oder in den Gefühlen, aber auch in der körperlichen Verfassung liegen. – Wenn ich ganz in meiner Arbeit als Atemtherapeutin aufgehe, spüre ich, wie mich Energie wie ein Mantel umgibt, oder wie eine Aura. Sie umhüllt und umfließt mich. Ich kann geben, ohne mich zu vergeben. Ich spüre meine Mitte wie eine Substanz. Sie kommt ins Fließen, sie fließt in mir, und ich bin in ihr.»[77]

METAMORPHOSEN

Im Lauf der Produktionszeit entwickelt sich die Arbeit nicht geradlinig, sondern erfährt etappenweise Veränderungen. Die Arbeit entwickelt sich wie der Weg eines Fußgängers: Beim ersten Schritt weiß er noch nicht, wo genau sein Fuß beim hundertsten Schritt ansetzen wird. So wie das Schrittmaß und der Boden zusammen die Strecke bestimmen, so gewinnt das Werk Gestalt in der Auseinandersetzung zwischen dem Künstler und seiner fortschreitenden Arbeit. Die Auseinandersetzung mit der eigenen Arbeit ist einerseits rational und objektiv, andererseits instinktiv und intuitiv. Auf den rationalen Aspekt kommen wir später zu sprechen.

Die intuitive und instinktive Haltung ermöglicht es, mehr und mehr vom willentlich Machbaren abzurücken. Über kurz oder lang geschieht eine intensive Identifikation mit dem Dargestellten. Dabei ereignen sich oft erstaunliche Wechsel der Arbeitsebene. Dazu ein Beispiel: Eine Studierende malt ein Krokodil mit weit aufgerissenem Maul. Dann nimmt sie eine Schere, öffnet sie. Die Schere sieht aus wie ein offener Rachen. Und – Schnapp

– schneidet sie dem Bild eine Ecke ab. Mit der Schere in der Hand wird sie selbst zum zuschnappenden Krokodil. Was sie zuerst dargestellt hat, lebt sie in einer zweiten Phase handelnd aus. Sie wechselt die Ebene des Erlebens, indem sie in die Haut des Krokodils schlüpft. Das Bild hat dadurch eine neue Form gewonnen.

Das folgende Beispiel illustriert eine komplexe und radikale mehrstufige Metamorphose. Ein Studierender beabsichtigt, ein eindrückliches Erlebnis darzustellen, bei welchem er einer Kuh begegnet ist: Er wählt ein großes Blatt und bemalt es so, dass es wie das Fell einer Kuh aussieht. Er legt die Pinsel weg und beginnt die Farben mit den Händen aufzutragen. Das Auftragen der Farben wird zum Streicheln des Papiers, und die sinnliche Tätigkeit löst eine Ergriffenheit aus, die für ihn viel wichtiger wird als das optische Betrachten des Bildes. In diesem Moment wird er zum Gerber, wie er später sagt. Er beginnt das Papier heftiger zu bearbeiten, bis an die Grenze der Strapazierfähigkeit. Das Papier wird zerknüllt und geknetet. Die Farbe wird verändert, das Papier wird zu Leder. Und der entstandene Lederhaufen, nun voll plastisch, formt sich wieder zu einem Tier. Im Zufälligen wird wieder eine Tierform erkannt und diese herausgearbeitet. Das Resultat ist ein Wesen halb Schildkröte, halb Kuh, von starker, sinnlicher, hautartiger Ausstrahlung, welches ähnlich intensive Gefühle auslöst wie die reale Begegnung mit der Kuh.

Der Studierende hat in tiefer Versunkenheit gearbeitet und dabei laufend neue Impulse integriert. Ohne sich dessen gewahr zu werden, hat er zwei Mal die Arbeitsebene gewechselt: zuerst von der optischen Realität zur haptischen, vom Beobachten zum Ertasten. Dabei erfuhr er einen Zuwachs an Intensität, denn haptische Erlebnisse berühren tiefer als optische. Entwicklungspsychologisch gesehen sind sie früher angesiedelt und deshalb mit besonders tiefen Gefühlen verbunden. Der zweite Wechsel der Arbeitsebene führte vom Ertasten zum dreidimensionalen Gestalten.

Diese Umschwungsmomente kommen nicht unangemeldet. Meistens geht ihnen eine Enttäuschung voraus. Oft entstehen in einem ersten Anlauf Bilder, die der ursprünglichen Vorstellung trotz großem Bemühen nicht gerecht werden. In einem Impuls von Wut oder Verzweiflung wird das Bestehende zerstört oder aufgelöst. Damit wird auch die alte Zielvorstellung losgelassen. Und ausgerechnet dieses Loslassen ermöglicht eine neue Entwicklung. Das führt in ein genaueres und instinktiv sichereres Vorwärtsgehen und zu einer Verankerung jedes Schrittes im Hier und Jetzt. So erwächst ein Schritt aus dem vorangehenden.

Der Dichter David Whyte beschreibt in einem Gedicht den Moment, in dem die Ich-betonte Haltung an Grenzen kommt. Das ermöglicht der Seele, den Weg zu finden; sie blüht auf in Feuer, in Fieber und mit Flügeln.[78]

> *Ich wusste nicht, was sagen, mein Mund*
> *war verschlossen*
> *meine Augen blind*
> *und etwas in meiner Seele sprang zu Feuer*
> *Fieber oder erinnerte Flügel und ich ging meinen*
> *eigenen Weg*
> *und ich entschlüsselte dieses brennende Feuer*
> *und ich schrieb die erste nackte Zeile*
> *nackt ohne Inhalt, reine Torheit*
> *reine Weisheit*
> *dessen, der nichts weiß*
> *und plötzlich sah ich*
> *dass sich der Himmel*
> *löste und auftat*

Dichter, prägnanter und kürzer und vor allem poetischer könnte man unsere Ausführungen nicht zusammenfassen. – Nachdem das Ich in der Inkubation nicht mehr weiter weiß, sich stumm und blind fühlt, kommt aus der Tiefe der Seele die Wandlung. Vom blinden Dämmerzustand des Fiebers weg, mit dem Absinken ins Unbewusste führt der Umschwung zu den Flügeln der Erkenntnis und zum Feuer der fließenden Energie. Mit dem Gegensatzpaar von Torheit und Weisheit beginnt das Arbeiten zu fließen. Der Schritt ins Neuland ist vollzogen.

DIE VERIFIKATION

*Ein erstes Zeigen
unter Freundinnen.
Ihre wohlwollend
neugierige
Anteilnahme stärkt
das Selbstvertrauen.*[79]

VERWIRRUNG

Beim Auftauchen aus dem Flow-Zustand setzt die große Überraschung ein: Das Endprodukt entspricht nicht der ursprünglichen Vorstellung. Ist das nun eine Weiterentwicklung oder ein persönliches Versagen? Auf jeden Fall ist es eine Irritation. Man empfindet das eigene Werk als fremd. Fremd erscheint es, weil eigene unbewusste Anteile hineingeflossen sind. So gesehen ist es umfassender, als es die Anfangsidee war. Und es lohnt sich, die entstandene Arbeit neu kennen zu lernen.

Verifikation nach abgeschlossener Arbeit heißt, das geschaffene Produkt neu wahrzunehmen. Kurz nach dem Aufwachen aus dem Flow ist die eigene Objektivität und Bewertungsfähigkeit noch gestört. Daher ist in diesem Moment Vorsicht geboten. Es ist der falsche Moment für eine Überprüfung. Es lohnt sich, nicht vorschnell zu urteilen und zu verurteilen. Um das geschaffene Werk einschätzen zu können, ist es notwendig, sich schrittweise davon zu lösen und allmählich den richtigen Abstand zu gewinnen.

Der Maler Martin Disler äußert sich so: «Das Betrachten der entstandenen Bilder hat für mich viele Bedeutungen. Es sammeln sich ständig so Häufchen an von abgelegten Schlangenhäuten. Ich muss das alles durchsehen, aufhängen, ich muss hineinwandern, mich darin aufhalten, mich von mir selbst erstaunen lassen, oder eine kritische Position dazu einnehmen. Ich muss nochmals in die Zeichnungen, in das Bild hineingehen. Ich muss eine Beziehung zu den entstandenen Bildern herstellen, sonst könnte ich das Zeug nie an die Öffentlichkeit rauslassen».[80]

Martin Disler betrachtet ein neues Bild aus kritischer Distanz, um dann wieder ganz hineinzutauchen. Indem er pendelt zwischen Abstand nehmen und eintauchendem Erkennen, entsteht mit der Zeit eine neue, umfassendere Beziehung zu seinem Bild. In seinen Worten: «Dann sehe ich in die Bilder hinein, halte mich darin auf, bis sich mir der Raum erschließt. Ich würde sagen: Es ist ein gnadenloses Abrichten der Augen zum Sehen.» – Für ihn bedeutet «Sehen» Erkennen und Begreifen.

ENTWERTUNG

Wie oben erwähnt, ist das Auftauchen aus dem Fluss des Arbeitens ein heikler Moment. Bleibt man in der Irritation der ersten Entfremdung stecken, so kippt die Irritation in eine Enttäuschung. Und dieser folgt eine Entwertung von sich und der Arbeit. Eine Studierende der Hochschule für Gestaltung und Kunst beklagt sich: «Was sehe ich vor mir, stümperhaft – das bin ja gar nicht ich, so wie ich mich kenne; das ist als ob jemand anders da hineingepfuscht hätte. Schrecklich! Ich muss es sofort korrigieren. Das darf niemand sehen.» Blitzschnell deckt sie das neu Geschaffene zu und überarbeitet es mit Altbewährtem.

Sie handelt überflutet von verwirrenden heftigen Gefühlen, die sie nicht mehr einordnen kann. Sie fühlt sich bloßgestellt. Ihrem Empfinden nach hat sie zuviel Eigenes preisgegeben. Sie erlebt sich als Versagerin, denn ihre Arbeit entspricht nicht ihrem gewohnten Maßstab. In ihr erlerntes Können hat sich zu viel vermeintlich Ungereimtes eingeschlichen. Das Neue wirkt jedoch oft ungereimt und deshalb beachtenswert. Nur der inadäquate Maßstab macht das Geschaffene zum vermeintlichen Flop.

Derartige Selbstentwertungen laufen oft blitzschnell und unmittelbar nach Arbeitsschluss ab. Immer wieder kommt es vor, dass ein Dozent nach der fertigen Arbeit fragt. Diese ist nirgends zu sehen. Mit hochrotem Kopf heißt es dann: «Es isch en Seich gsi. Muesch es gar nöd gseh.» «Ja, wo isch es dänn?» «Scho im Papierchorb![81]» Er möchte es herausangeln. «Lass das!!!» Scham, Aggression gegen das Bild, gegen sich selbst, gegen den Lehrer. Abwehr. Es darf auf keinen Fall hingeschaut werden.

Weshalb findet die Studierende sich und ihre Arbeit so schrecklich? Während des Arbeitens hat sie einen unbewussten Teil ihrer selbst in die Arbeit gelegt. Es ist, als ob sie ein Stück ihrer Seele ausgelagert hätte. Dieser Seelenteil hat sich im Werk inkarniert. Er erscheint ihr fremd. Sobald sie den fremden neuen Teil in ihrer Arbeit erkennt und anerkennt, verschwindet das Gefühl, amputiert zu sein.

Dieser unbewusste Seelenteil lebt in allem neu Geschaffenen. Noch nie Gesehenes, noch nie Gedachtes verschmilzt mit dem Thema und ermöglicht, dass Neues entstehen kann. Sehen wir uns dann die fertige Arbeit an, so ist es, als ob wir ein Stück unserer Innenwelt plötzlich von außen sehen würden. Kein Wunder, dass wir irritiert sind.

Das Ende der Arbeit ist selbstverständlich nicht der einzige Augenblick, in dem überprüft wird. Oft stellt sich schon früher die Frage, ob man das eine oder das andere Aha umsetzen soll, oder welche Idee am meisten gefallen, faszinieren oder Früchte tragen könnte. Auch im Laufe der Arbeit wird immer wieder Abstand genommen und das Geschaffene bewertet.

Nicht alles Erarbeitete ist gut. Im «Gleichnis vom Schreiben» gibt die Schweizer Lyrikerin Brigitte Fuchs der Scham über ein momentanes Unvermögen Worte:[82]

Das Gleichnis vom Schreiben

Nicht immer fällt Zauber
von der Stirne aufs Blatt und
immer ist nur eines da die
Blöße zu bedecken: grün
oder weiß

Aber man kann Schiffe
falten und sie durch die Luft
segeln lassen beladen mit Efeu
und Rosenbäumen und
bei auffrischendem Wind
fahren die Schiffe ein
im Garten des blinden Gärtners
und er legt hellblühende
Reihen an und seine Hand
geht von Blatt zu Blatt

Die Autorin hat ihren Text überprüft. Mit großer Scham stellt sie fest, dass sie wohl geschrieben hat, dass sie aber beim Schreiben den Zauber des Aha nicht hat umsetzen können.

Weshalb verspürt sie Scham? Scham, weil sie nicht in den Flow-Zustand fand. Brigitte Fuchs ist in einer Sackgasse gelandet. Was hilft ihr, weiter zu arbeiten? Sie faltet Papierschiffchen und lässt sie durch die Luft segeln. Sie vertraut nicht mehr ihrer Stirn, den Gedanken, sondern setzt auf ein spielerisches Verhalten. Die Schiffchen können nicht nach festgelegtem Plan durch die Luft gleiten. So kommt Bewegung in die Blockade. Der Zufall beginnt zu spielen. Dank der Blindheit kann sich der Gärtner dem Wissen seiner Hand überlassen, welche sich intuitiv von Blatt zu Blatt vorwärts tastet. Augenkontrolle bremst die Intuition; die Blindheit ist Schutz vor verfrühter Verifikation.

Scham kann sich auch einstellen, wenn in tiefem Flow-Zustand zuviel aus dem Unbewussten eingeflossen ist; mehr als man bereit ist preiszugeben. Dazu das folgende Beispiel: Ein zurückhaltend wirkender Student malt tief versunken das Bild einer liegenden Frau. Wie er aus dem Flow aufwacht, erschrickt er zutiefst. Da liegt eine provokativ sinnliche Frau. Das soll er gemalt haben? Scham überflutet ihn. Soll er Zensur ausüben und das Bild übermalen? Oder kann er sich eingestehen, dass er doch sinnlicher ist, als er dachte? – Sein Unbewusstes hat im Flow-Zustand eine Erotik ans Tageslicht gebracht, die er bis dahin in Schach gehalten hatte.

Wenn er zu seinem Bild stehen kann, erweitert dies sein Selbstbild. Im Moment, in dem man erkennt, dass man anders ist, als man dachte, kommt das bestehende Selbstbild ins Wanken. Wer hat das schon gern?

In der Verifikation geschieht eine zweite Form von Aha, von Momenten der Erkenntnis. Hier wird der Wert des Geschaffenen erkannt. Bis dahin unbewusste Inhalte werden bewusst. Dieses Anerkennungs-Aha in der Verifikation unterscheidet sich vom Ideen bringenden Aha in seiner Funktion. – Das betrifft nicht nur inhaltliche Kriterien, sondern auch formale Aspekte.

KREATIV IST, WER FEHLER MACHEN KANN

Einem Schüler, der sich schrecklich fürchtete, Fehler zu machen, sagte der Meister: «Diejenigen, die keine Fehler machen, machen die größten Fehler: sie versuchen nichts Neues.»[83] Neuland ist immer unbekannt. Neuland kann nicht in Kategorien von richtig und falsch beurteilt werden. Es gilt, das Risiko des Neuen zu ertragen, unabhängig davon, ob es brauchbar ist oder nicht. Kreativität hat wenig Chancen, wenn immer alle bestehenden Regeln beachtet werden. Improvisieren in einem möglichst urteilsfreien Feld gibt Freiraum. Es lohnt sich, bei der Arbeit Fehler nicht krampfhaft zu vermeiden. Dazu braucht es Mut und Selbstvertrauen. Eine Haltung wie: «Es fasziniert mich so, ich will es einfach ausprobieren, gleichgültig ob es ankommt oder nicht», macht immun gegen das Denken in Kategorien von «richtig» und «falsch». Nur wer Fehler riskiert, kann die Norm durchbrechen. So genannte Fehler können sich bei eingehender Verifikation als genialer Coup entpuppen.

Mit Leichtigkeit und Geschick bewegt sich der Organisationsberater Matti Straub in dieser Situation: «Ich habe wohl einfach wenig Angst, Fehler zu machen. Es machte mir schon immer großen Spaß, mich irgendwo hineinzubegeben und dann zu improvisieren... Etwas entwickeln heißt, Dinge, die alle schon da sind, zu verändern, zu entbündeln, neu darzustellen und laufend die eigene Sichtweise zu hinterfragen. Weil es in solchen Fragen keine Sicherheit geben kann, kommt es wesentlich auf die Spielbereitschaft an... Nicht zum Experten zu werden ist in unserem Beruf tatsächlich eine Lebensaufgabe. Es ist sehr wichtig, neugierig und verletzlich zu bleiben und gelegentlich auch auf den Kopf zu fallen.» Matti Straub hat es sich angewöhnt, zusammen mit seinem Team die Flops zu zelebrieren. Im Zelebrieren wird den Fehlern ein Wert verliehen, der es erlaubt, daraus zu lernen. «Wir verdanken den Fehlern unglaublich viel.»[84]

Dennoch: Ist etwas Unbrauchbares entstanden, so fällt es sehr schwer, mit sich selber sorgfältig und liebevoll umzugehen. Dabei ist allein schon die Tatsache, dass man an seine Grenzen geht und auch einen Schritt darüber hinaus wagt, eine mutige Tat.

Auch in Schulen braucht es Freiräume für Fehler, welche nicht bewertet werden. So wird es möglich, daraus zu lernen. Missratenes soll seinen Platz haben, ohne dass Studierende befürchten müssen, deswegen disqualifiziert zu werden.[85]

WAS SAGEN DIE ANDERN?

Im inneren Gespräch mit vertrauten Personen wie Freunden, Feinden, Lehrern, usw., wird das reale Zeigen des Werkes vorweg genommen. Man stellt sich vor, wie der andere reagieren würde. Aber ob er dann wirklich so reagiert? Phantasie und Realität können weit auseinander klaffen. Diese Diskrepanz wird erlebbar, wenn man vor dem Zeigen einer Arbeit phantasiert, was der andere denken könnte. Wenige Sekunden danach hört man ihn sprechen. Selten stimmen das Phantasierte und das Gehörte überein.

Die eigene Phantasie kann in diesem Moment erstaunliche Purzelbäume schlagen. Man sieht in Gedanken die anderen tief beeindruckt vor dem eigenen genialen Werk stehen und sich selbst Lorbeeren erntend. Oder, ganz im Gegenteil: Eigene Ängste können bewirken, dass man die Arbeit jahrelang versteckt hält. Unsicherheit und Scheu halten das Zeigen zurück.

Dazu die Geschichte der Qualen, welche die Ethnologin Ursula ausstehen musste. Sie warf ihre sorgsam beendete Diplomarbeit in einen der beiden Briefkästen ihres Institutes. Sie war zu gespannt, um sie beim Dozenten persönlich abzugeben. Hinterher fragte sie sich, ob sie vielleicht die Arbeit in den falschen Briefkasten geworfen habe.

In den nächsten zwei Monaten wartete und wartete Ursula. Dabei stand sie schreckliche Ängste durch. Sie stellte sich vor, dass der Dozent die Arbeit gar nicht bekommen habe oder dass er sie so schlecht finde, dass sie keiner Antwort würdig sei. Nach all den quälenden inneren Fragen schrieb sie Monate später eine Postkarte. Und erhielt darauf von der Sekretärin des Dozenten die knappe Rückmeldung: «Arbeit erhalten, wird gleich bearbeitet». Die Bewertung, die nochmals auf sich warten ließ, war außerordentlich gut. Der Dozent war ihr durchaus wohlwollend gesinnt und schätzte ihre Arbeit, aber er hatte nicht das Einfühlungsvermögen, ihr durch eine rasche Reaktion die Qualen zu ersparen.

Auch Größenphantasien können wie wilde Pferde durchgehen: Eine Malerin rechnet sich aus, wie viel sie an einer Ausstellung verdienen würde, wenn sie alle Bilder verkaufen könnte. Eigentlich weiß sie, dass das ein Ding der

Unmöglichkeit ist, aber sie schwelgt trotzdem in diesen Phantasien.

Ein durchschnittlich gesunder Mensch verhält sich in diesem Moment vor-übergehend wie ein narzisstisch gestörter Mensch. Sein Selbstwertgefühl ist unausgeglichen und schwankt zwischen Minderwertigkeitsgefühlen und Größenphantasien. Auch Phantasien, welche sonst als paranoid eingestuft würden, können in diesem Ausnahmezustand bei durchaus gesunden Menschen auftauchen. Sie entspringen einer erhöhten Verletzlichkeit und Angstbereitschaft. Dazu das folgende Beispiel: Ein Chemiker hat soeben eine wissenschaftliche Arbeit beendet. Er sendet per E-Mail sein Manu-skript mit all den vertraulichen Daten an den Verlag. Hinterher überfällt ihn die Vorstellung, die Daten könnten in die Hände seines schärfsten Konkur-renten gefallen sein. Sicher ist dieser Kollege in seinen Computer einge-drungen und hat die Daten gestohlen. Als die Antwort vom Verlag kommt, löst sich die Phantasie in nichts auf.

Schlimmer ergeht es dem chinesischen Dichter Dschang Dji dem Jünge-ren. Er schreibt folgendes Gedicht:[86]

Aus der fremden Stadt

In Lo-yang sah ich den Herbstwind gehn; –
ich habe voller Verlangen
einen Brief an die Meinen daheim verfasst,
von tausend Gedanken befangen.

Nun aber kommt mir die Angst, ich schrieb
in der Eile nicht alles nieder.
Und als der Bote sich wendet zum Gehn,
erbreche das Siegel ich wieder.

Auch Dschang Dji spielen die Phantasien und Ängste einen bösen Streich. Er wagt nicht den Brief abzusenden.

VON DER PHANTASIE ZUM REALEN ZEIGEN

Am Anfang dieses Kapitels steht wieder ein Bild von Angelika Kauffmann. Darauf zeigt die Künstlerin ihre Zeichnung zwei Freundinnen. Zum Thema der Verifikation haben wir kein allegorisches Gemälde, dafür eine kleine Radierung gefunden. Das Bild irritiert: Es hat nicht die Qualität einer Komposition und ist doch mehr als ein Studienblatt. Worum geht es Angelika Kauffmann? Nicht die Komposition war hier das Anliegen, sondern das für jene Zeit unkonventionelle Thema: eine Frau als Künstlerin und ein gemeinsames Bildbetrachten. Die Radierung gehört zu den Genrebildern. Sie hat etwas Süßliches an sich und vermittelt eine falsche Idylle. Es ist wie Licht ohne Schatten, keine Auseinandersetzung findet statt. Die schwierigen Gefühle sind ausgeblendet. Die Freundinnen bewundern, lehnen sich an und haben offensichtlich keine eigene Meinung.

Das Genrebild hat uns an interessante Wahrheiten herangeführt. Was ist für uns der Moment der Wahrheit? Wir haben ein unbefriedigendes Bild gefunden; es hat uns inspiriert.

Von Johannes Brahms ist ein Brief an die Pianistin und Komponistin Clara Schumann erhalten. Es ist der Begleitbrief zu einer neuen Komposition, welche er zum ersten Mal weitergibt. Darin kommt die Scheu zum Ausdruck, mit der er ein neues Werk zeigt. Man muss sich vorstellen, dass er zu jener Zeit, im Jahr 1881, schon ein geachteter Komponist war. Er schreibt:[87] «Hier schicke ich Dir ein paar kleine Klavierstücke und bitte, dass Du sie niemand anderem zeigst, und dass Du sie mir so bald als irgend möglich nach Pressbaum zurückschickst. Falls sie Dich interessieren und Du Dir aus den gar zu flüchtigen Strichen überhaupt ein Bild machen kannst, so sagst Du vielleicht ein Wort. Andernfalls müsstest Du Dich denn gedulden, bis in besserer Schrift sie nochmals vorzustellen sich erlauben wird

Dein J. Br.»

Brahms wählte sich eine seiner engsten Freundinnen, eine Frau mit großem Sachverstand, um ihr seine Komposition vorzulegen. Er konnte davon ausgehen, dass eine eventuelle Kritik in einem grundlegenden Wohlwollen und einer liebevollen Anteilnahme eingebettet sei. Obschon er sich ihres Wohlwollens sicher ist, sind die Angst und Bescheidenheit berührend, mit der er schreibt: «so sagst Du vielleicht ein Wort.»

Der Maler Mark Rothko schreibt: «Wenn man mich fragt, wem ich mein Vertrauen schenken würde, so würde ich antworten, dass ich es in einen empfindsamen, von allen konventionellen Denkformen freien Betrachter setzen würde. Es wäre mir gleichgültig, wie er die Bilder nutzt, um die Bedürfnisse des eigenen Geistes zu befriedigen. Ein Bild lebt auch in Gesellschaft eines sensiblen Betrachters. Die Reaktion eines Betrachters kann aber auch tödlich sein. Es ist daher ein riskantes und erbarmungsloses Unterfangen, ein Bild in die Welt hinaus zu schicken. Wie oft wird ihm durch die Blicke vulgärer und durch die Grausamkeit ignoranter Betrachter, die ihre eigenen Probleme am liebsten auf alles andere übertragen würden, ein dauerhafter Schaden zugefügt!»[88]

Welches ist der ideale Freund in diesem Moment? Er hat ein grundlegendes Wohlwollen, wie wir schon erwähnt haben. Er hat Einfühlungsvermögen und Offenheit. Man braucht keinen gescheiten Kommentar, keine Interpretationen, keine Besserwisserei, sondern ein Echo, im Sinne einer subjektiven Betroffenheit. Und ein intuitives Stellen der «richtigen» Fragen, deren Beantwortung einem weiter hilft. Schmeicheleien sind damit nicht gemeint. Sie blähen das Ego auf und führen zu keinem Austausch.

Neid, Eifersucht, Macht und Missgunst wirken wie Gift.[89] Meist kommen sie versteckt daher. Sie können sich hinter gelassener Freundlichkeit verbergen, oder in einem sauersüßen Tonfall mitschwingen. Rivalität ist schwer zu erkennen. Das Gift wirkt nicht sofort. Ebenso schwer ist es, sich davor zu schützen.

Zeigt man sein Werk Freunden oder öffentlich, so betrachtet man es innerlich mit den Augen der anderen und oft mit neuer, unbarmherziger Kritik. Das Verhalten des Malers Varlin bei der öffentlichen Enthüllung eines seiner Bilder zeigt das. Anlässlich des 80. Geburtstags von Prof. Guido Fanconi, dem ehemaligen Direktor des Kinderspitals Zürich, hatte Varlin den Auftrag, ein Portrait von ihm zu malen. Der Tag des Geburtstagsfestes und der Enthüllung des Bildes war gekommen. Der Künstler war anwesend, außerdem die Belegschaft des Kinderspitals Zürich sowie geladene Gäste.

Prof. Andreas Giedion hielt die Laudatio und sprach über die Entstehung des Bildes. Er erzählte, wie kritisch der Maler und sein «Objekt» sich aufeinander und auf das Abenteuer eingelassen hatten. Es war ein zähes Ringen. Nach seiner Rede enthüllte Andreas Giedion das Bild feierlich. Ein Aaaah und ein Applaus waren die ersten Reaktionen. Varlin begutachtete sein Werk kritisch und immer kritischer, bis er schließlich sagte, er wolle das Bild nochmals mitnehmen, es habe noch Fehler, so könne er noch nicht dazu stehen. Es brauchte einige Überzeugungskraft von Seiten Prof. Giedions, um Varlin davon zu überzeugen, dass das Werk gut, auf jeden Fall genügend gut sei.[90]

Ähnlich reagierte der Bildhauer und Maler Alberto Giacometti: Zwei Tage vor der Vernissage ging er mit Robert Th. Stoll, welcher die Ausstellung eingerichtet hatte, zur Überprüfung durch die Säle der Kunsthalle Basel. Robert Stoll erzählt: «Giacometti zeigte sich zunächst zufrieden. Beim zweiten Durchgang stutzte er plötzlich vor einem Portrait und sagte: «Non, ça ne va pas.» Er erbat ein Sackmesser, das ich ihm aushändigte. Alberto Giacometti begann sofort auf der Farbschicht der Leinwand zu kratzen. Er kratzte brummelnd weiter. Und kratzte, bis das Bild zerstört war. Da nahm er es von der Wand und stellte es mit der zuletzt noch zerschnittenen Leinwand auf den Boden. Das Gemälde war aber im gedruckten Katalog schon vermerkt.»[91]

Nicht immer ist man in der Akzeptanz der Umwelt gut eingebettet. Stimmt die eigene Arbeit mit dem Zeitgeist nicht überein, indem sie der Zeit vorauseilt oder hinterher entsteht, so droht Einsamkeit, Ablehnung oder Widerstand.

Nicht jeder hat das Bedürfnis, sein Werk anderen zu zeigen. Vielleicht genügt es, im Arbeiten selbst aufzugehen, Geborgenheit in der Arbeit zu finden, oder den Flow zu genießen. Der Weg, über das Arbeitsresultat in einen Dialog mit andern zu treten, kann sogar bewusst vermieden werden. Die Angst, sich zu zeigen, kann der Grund dafür sein. Diese wiederum ist vielleicht nicht einfach nur Scheu, sondern ein absichtlich gesuchter Schutz im Wissen, dass ein Zeigen der Arbeit ungute Folgen haben könnte. Beispiele von Kunstschaffenden, welche mit der herrschenden Regierung in Konflikt geraten sind, fliehen mussten oder verbannt wurden gibt es viele.

Die Arbeit wird mit privater und öffentlicher Beachtung oder mit Geld honoriert. Der innere Gewinn ist das eigene Wachstum. «Mit jedem neuen Bild habe ich das Gefühl, das ganze Leben hinter mir zu lassen und einen Schritt in Neuland zu machen», sagt eine Studierende.[92] Dieses Neuland ist zuerst nur im Werk sichtbar. Indem wir das Werk neu kennen lernen und auf uns zurückwirken lassen, wird das Neue in die eigene Persönlichkeit integriert.[93] Dies führt zu einem Wandel der eigenen Identität. Damit ist nicht nur ein neues Werk entstanden, sondern auch ein Wachstumsschritt vollzogen.

Die Dichterin Rose Ausländer gibt diesem Erleben Worte:[94]

Ein Lied
erfinden
heißt
geboren werden
und tapfer singen
von Geburt zu Geburt.

DIE ZEIT DER ERHOLUNG

Sie sitzt abgewandt und ist damit beschäftigt, ihre Zöpfe zu flechten. Ihr zerzaustes Haar ordnend fasst sie sich wieder. Unsere Blicke überraschen sie dabei.[95]

Die Regeneration wird in der Kreativitätsforschung nicht erwähnt. Kreativität wird mit Aktivsein gleich gesetzt, während die Erholung als passiver Vorgang gewertet und zum Stiefkind gemacht wird.

Die vorhergehenden Phasen, ganz besonders die Zeit während der Überprüfung, waren psychisch sehr anstrengend. Nachdem man sein Bestes gegeben hat, ist man der Anerkennung und der Kritik von Freund und Feind ausgeliefert. Angst, Scham, Freude, Stolz und Enttäuschung kommen und gehen. Nun ist das Benzin aufgebraucht, und die Batterien sind leer.

Auch zu diesem Kapitel haben wir ein Bild von Angelika Kauffmann gefunden: eine kleine sorgfältig komponierte Radierung. Die Künstlerin sitzt abgewandt und flicht ihre Haare neu. Das Flechten der Haare versinnbildlicht den Übergang vom Chaos in die Ordnung, von der impulsiven Geste zur ordnenden Gebärde. Nach der extravertierten Zeit der Verifikation sucht sie in der Abwendung vom Bildbetrachter zu sich selbst zurück zu finden, in die Introversion.

In der Zeit der Erholung wird alles, was sich in der Ekstase aufgelöst hat, wieder gesammelt und alle Entgrenzung wieder zurückgenommen, um zu einer neuen Zentrierung zu finden.

Schon im Lauf der Arbeitszeit ruht man sich etappenweise aus. Das Schlafverhalten von kreativen Menschen ist auffallend. Mihaly Csikszentmihalyi hat Kulturschaffende befragt und festgestellt, dass diese überdurchschnittlich häufig irgendwann einmal im Tag ein kleines Schläfchen machen.[96] Häufig ist dieser Schlaf kurz. Es ist eher ein Einnicken, um sich wieder ins Lot zu bringen.

Von diesem kurzen erholsamen Schlaf unterscheidet sich die Erholung, die nach Abschluss der Arbeit notwendig ist. Sie hat eine besondere Qualität. Kaum jemand wird im Moment, wo er ein kreatives Werk beendet hat, erleichtert aufatmen, so wie er das machen würde, wenn endlich alles Holz gespalten ist.

ERSCHÖPFUNG – ERHOLUNG

Die Erholungsforschung weist auf die besondere Qualität der Erschöpfung bei geistig-psychischer Belastung hin. Der Psychologe Christoph Eichhorn schreibt dazu: «Einer der Befunde besteht darin, dass die psychisch-physischen Konsequenzen derartiger Beanspruchungsprozesse weit komplexer sind als diejenigen der körperlichen Belastung. Nach körperlicher Belastung sind wir eher entspannt-müde, wie beispielsweise nach einer Bergwanderung. Fast jede Tätigkeit, die wir anschließend ausführen, wie ein warmes Bad nehmen, einfach nichts tun, oder ein Buch lesen, führt zur Erholung. Intuitiv verfügen wir über ein angemessenes Regenerationsrepertoire, um derartige Belastungen auszugleichen. Geistig-psychische Dauerbelastung versetzt hingegen unseren Organismus in einen physiologischen Anspannungszustand, den die Stressforschung gut beschrieben hat. Er belastet nicht nur das Herz-Kreislauf-System, wie beispielsweise mit einer Zunahme der Herzfrequenz, sondern führt zu einer Erhöhung körperlicher Anspannung, so dass sich die Muskeln verspannen. Im Organismus der Betroffenen lassen sich typische Stressindikatoren erkennen. Wir fühlen uns übererregt, angespannt und kommen innerlich nicht zur Ruhe. Und gerade für diesen Zustand ist typisch, dass sich Erholung besonders schlecht einstellt.»[97]

Mit dem Ausspruch «Das innere Schwungrad dreht sich weiter, auch wenn ich mich in einen Liegestuhl fläze» bringt eine Studierende das Problem auf den Punkt. Das naive Verständnis von Entspannung reicht nicht. Wir brauchen Strategien, um innerlich zur Ruhe zu kommen.

Ein Studierender hat instinktiv einen konstruktiven Umgang mit dieser Situation gefunden. Er räumt neben anderem auch auf und gibt sich damit neuen Boden. «Eine kleine Pause ist nötig. Aufräumen, Ordnung schaffen. Ich schlafe aus, und manchmal fühle ich mich traurig. Oder ich habe Sehnsucht nach den schönen Momenten, in denen ich mich ausgefüllt gefühlt habe. Ich muss erst mal über die Arbeit hinwegkommen. Sie vergessen. Das gelingt nicht immer. Dann nehme ich das Thema in der nächsten Arbeit wieder auf.»

Eine Malerin sagt: «Nach der Vernissage war eine andere Energie da, ich konnte nicht mehr weiter malen. Dafür habe ich den ganzen Garten gejätet.» Es war nicht die Ruhe, die ihr half, sondern das Umpolen in eine anders geartete Tätigkeit. Die körperliche Betätigung half ihr, den seelischen Stress abzubauen. Andere gehen schwimmen, wandern, oder sie tanzen. In der Zeit der Erholung fehlt die Energie. Während der Produktionszeit ist damit geradezu Raubbau getrieben worden. Weder Müdigkeit noch Durst, weder Hunger noch Zeit wurden ausreichend wahrgenommen. Es wurden in einem Ausmaß Kräfte mobilisiert, dass man nur staunen kann. Anschließend fehlen sie. So hoch wie der Flug mit dem Pegasus der Inspiration war, so tief ist die dunkle Zeit, die oft nachher durchzustehen ist. Im Laufe einer kreativen Arbeit sind die Schwankungen der zur Verfügung stehenden Energie ganz auffallend. Der gleiche Mensch, den man nach dem Aha vor Energie vibrieren sah, und der anschließend beinahe Tag und Nacht gearbeitet hat, liegt nun träge herum und verschläft seine Zeit. Es wirkt als ob er manisch-depressiv wäre, was nicht zutrifft.[98]

Die Erwartung, dass man sich nach Abschluss einer guten Arbeit automatisch freudig erleichtert und befriedigt fühlt, ist ein Trugschluss. Oft überwiegt ein unangenehmes Gefühl der Leere und der Verlorenheit. Zudem ist das Selbstwertgefühl äußerst labil geworden. Man fühlt sich desorientiert, weil man Ziel und Sinn verloren hat. Vergleichbar mit diesem Zustand ist die Depression nach einer Geburt. Bis vor kurzem war sie fast sprichwörtlich. Die neugeborenen Kinder wurden über Jahrzehnte routinemäßig in Säuglingszimmer gebracht und der Mutter nur zum Stillen in die Arme gelegt. Die plötzliche Trennung von Mutter und Kind nach der Geburt hat bei beiden tiefe Gefühle von Leere und Verlassenheit ausgelöst. Ganze Generationen wurden so geprägt. Heute ist man flexibler geworden. Den Bedürfnissen von Mutter und Kind wird vermehrt Beachtung geschenkt.

Die depressive Verstimmung während der Erholung unterscheidet sich qualitativ von der Verstimmung in der Inkubationszeit. Sie entsteht aus einem Mangel an Energie und einem Verlust von Ziel und Inhalt. Im Gegensatz dazu beruhte die Verstimmung während der Inkubationszeit, auf einem vorübergehenden Zuviel an inhaltlichem Material und auf einer Energie raubenden Aktivität im Unbewussten.

Es ist nicht leicht, sich ins Nichtstun fallen zu lassen, und es als notwendiges Durchgangsstadium zu akzeptieren. Langeweile und Ungewissheit sind schwer auszuhalten. Niemand weiß, wie lange dieser Zustand dauern wird.

Wir leben in einer Epoche, in der wir uns unter ständigem Zeitdruck bewegen, welcher zudem fortwährend ansteigt. Wir verfügen über wenig Training auf unseren eigenen Rhythmus zu hören und unser Leben danach auszurichten.[99] Dazu sagt David Whyte, Meereszoologe und Dichter: «Der Mut zur Stille, diese innere Stille aufrechtzuerhalten, ist eine qualvolle Erfahrung, welche die Seele in ihrem Streben nach Vertiefung durchleben muss. In einem Kloster ist dieses Ziel schon schwer zu erreichen, aber in der Arbeit scheint es fast unmöglich. Wie derzeit überall propagiert wird, wollen wir nicht härter, sondern klüger arbeiten. Und trotzdem kennen wir alle die furiose Geschäftigkeit, die uns abhält, uns der Stille und der Kontemplation zu öffnen. Unser dahinrasender Geist rebelliert gegen eine Verlangsamung des Tempos, weil er intuitiv weiß, dass er ansonsten nicht nur seine Identität in Frage stellen, sondern auch innehalten müsste, um sich zu erholen und neu zu schaffen. Und das würde natürlich einen Verlust an Schwung bedeuten. Dabei haben wir nicht einmal Zeit, um festzustellen, ob uns dieser Schwung nicht gerade über die nächste Klippe in den Abgrund treibt»…[100]

ENTGRENZUNG, ANGST UND LEISTUNGSDRUCK

Drängender als die Erholung ist oft ein Entgrenzungsbedürfnis. In der Produktionszeit hat das Ich alle seine Kräfte mobilisieren müssen, um die Inhalte, die ihm aus dem Unbewussten geschenkt wurden, zu packen und umzusetzen. Es hat Durststrecken von Einsamkeit überstanden, es hat Berge erstiegen und Wüsten durchquert. Es hat seinen Durchhaltewillen mobilisiert und seine ganze Disziplin aufgeboten, um am Ziel anzukommen. Am Ziel schließlich werden nicht alle von einer jubelnden Menge empfangen. Da warten neben der verwirklichten Arbeit auch die Erschöpfung und die Leere. Und das Ich hat nur noch den einen Wunsch, sich fallen zu lassen. Es möchte seine Grenzen auflösen, und wenigstens vorübergehend getragen werden. Das kann im Schlaf ausgelebt werden, aber auch im Alkohol oder im Sex.

Die Leere selbst kann Angst machen. Ein Studierender sagt dazu: «Die Leere schaut mich mit ihren großen, verschlingenden Augen unheimlich an.» Um diesen «horror vacui» zu vermeiden, kann die Arbeitszeit verlängert werden. Dabei riskiert man jedoch, am eigenen Werk herumzukorrigieren und ihm die Frische zu nehmen. – Die Leere kann auch umgangen werden, indem man sich vorschnell ins nächste Projekt stürzt.[101]

Auch bei einem übermäßigen Pflichtbewusstsein, einem allzu strengen Über-Ich, wird die Erholung übergangen. Das wird sich schädlich auf die folgende Arbeit auswirken. All diese Vermeidungsstrategien führen dazu, dass der kreative Prozess nicht richtig abgeschlossen wird.

Das Ende der eigentlichen Arbeit stimmt nicht überein mit dem Ende des innerpsychischen Vorgangs, der sie begleitet. In der Verifikation ist das bisher Unbekannte erkannt und als Eigenes anerkannt worden. Meistens muss man sich umgehend davon verabschieden. Die Arbeit wird weggegeben. Das Neue muss auch schon wieder losgelassen werden.

Das alles ist seelische Arbeit, die in die Erholungszeit hineinreicht. Die Arbeit muss auch energetisch und psychisch abgeschlossen werden. Das Loslassen ist oft nicht einfach. Es gilt, sich der Trauer und der Leere zu stellen. Die Seele braucht ihre Zeit, um nachzukommen. Rituale erleichtern diesen Übergang. Die einen feiern, die andern beschenken sich selber. – Damit wird der Kreis geschlossen, und die Bereitschaft für eine neue Arbeit stellt sich ein.

Es gibt Künstler, in denen schon während der Produktionsphase ein neues Werk heranreift. Sie sind eine Ausnahme. Mozart beispielsweise konnte, während er eine Komposition notierte, innerlich schon wieder mit einem neuen Werk beschäftigt sein.

Und doch wissen die meisten kreativ Tätigen, dass sich all die beschriebenen Phasen im Kreativitätsprozess überlappen. Kaum je befindet man sich ausschließlich in einer bestimmten Phase. Sozusagen immer sind da noch weitere Töpfe auf dem Herd am Köcheln.

So erholen sich die einen am Meer, andere putzen oder tätigen ihre Einzahlungen. Die Seele braucht Zeit, um wieder ganz zu werden. Eine Kulturschaffende sagt dazu: «Es ist nicht einfach, nichts zu tun, denn mir geht es besser, wenn ich tätig bin. Dann bin ich im Schwung und in Bewegung und fühle mich lebendig. Aber immer tätig sein geht ja nicht, irgendwann muss ich mich auch erholen. Eines Tages kam mir die Idee, dass ich ganz still auf einem Stein sitzen kann, und dass dieser Stein auf der Erde ist, und dass diese sich dreht. So kann ich ganz still sitzen und gleichzeitig Teil haben an den großen Bewegungen der Erde. – Eigentlich habe noch nie darüber gesprochen. Ich fürchte, damit etwas zu zerreden.»[102]

KUNTERBUNTE ABFOLGE DER PHASEN

Die beschriebene Abfolge der Phasen ist eine Abstraktion. In Wirklichkeit
überlagern sich die Stadien. Außerdem können sich die Phasen in unzähligen Variationen immer wieder anders aneinander reihen. Selten begegnen wir die klassische Abfolge von:

Vorbereitung

Inkubation

Moment der Erkenntnis

Zeit der Arbeit

Verifikation

Erholung

Nehmen wir als Beispiel einen Fotografen. Zuhause sammelt er Unterla-
gen, erarbeitet sich ein Konzept, sichtet seine Kameras. Dann geht er auf
Pirsch. So könnte es bei ihm ablaufen:

Vorbereitung

Inkubation

Aha

Aha

Aha

Inkubation

Aha

Aha

Inkubation

Und so geht es weiter – weiter – weiter

Zuhause dann geht's an Entwickeln, Sichten, Ordnen, Gewichten, Auswählen:

Arbeit

Verifikation

Arbeit

Verifikation

Arbeit

und schließlich: Erholung, wobei er gleichzeitig schon wieder sich
innerlich sammelt und inkubiert.

Wieder anders entwickelt sich der kreative Prozess beim Schreiben eines Buches, beispielsweise so:

      Vorbereitung
      Inkubation
      Erkenntnis
      Arbeit
      Inkubation
      Erkenntnis
      Arbeit
      Verifikation
      Erschöpfung
      Erholung
      Arbeit
      Arbeit
      Und so weiter…

Komplizierter wird es, wenn mehrere Arbeiten nebeneinander ausgeführt werden und sich die Vorbereitung und Inkubation eines zweiten oder dritten Projekts schon während der ersten Arbeit anbahnen. Und nochmals anders ist es, wenn in Teams gearbeitet wird.

MEHRERE TÖPFE AUF DEM FEUER

Es ist wie in der Küche: da schmort und brutzelt es oft in mehreren Pfannen, während der Koch Zwiebeln schneidet und Salat wäscht. So haben manche Maler gleichzeitig mehrere Staffeleien aufgestellt. Lässt die Energie während einer Arbeit nach oder ist ein toter Punkt erreicht, wenden sie sich etwas anderem zu. Eine solche Unterbrechung hilft, Abstand zu nehmen und die Arbeit später mit neuen Augen zu betrachten. Von Mozart ist bekannt, dass bei ihm schon während der Niederschrift einer Komposition innerlich ein neues Stück heranreifte.

Nicht alle Stadien eines kreativen Prozesses können sich überlappen. Der Flow-Zustand beansprucht die volle Konzentration. Hingegen schließt die

Zeit des Sammelns und Bebrütens eine beiläufige Arbeit nicht aus, wie wir anhand der Aussagen von Studenten gesehen haben. Ein halb bewusster Zustand schließt hingegen jedes andere «abaissement» aus. Grenzzustände überlappen sich nicht. In die Erholungszeit hinein können dagegen alle anderen Stadien wirksam sein.

VERDERBEN ZWEI KÖCHINNEN DEN BREI? – TEAMARBEIT

Der Brei verdirbt, sobald die Köche einander ins Gehege kommen, indem jeder nach eigenem Gutdünken schmort, würzt und abschmeckt. Für das Arbeiten im Team braucht es gewisse Voraussetzungen. Nicht jede und jeder eignet sich für Teamarbeit, und viele wünschen dies auch nicht. Zum Teil liegt dies in der jeweiligen Typologie begründet. Wir beschäftigen uns damit im zweiten Teil.
Welches sind die Voraussetzungen für eine fruchtbare Zusammenarbeit? Wir haben es ausprobiert und berichten über unsere Erfahrungen.
Die Arbeit zu zweit an einem Projekt ist nicht einfach. Keine Köchin gleicht der anderen. Da sind zunächst zwei unterschiedliche Persönlichkeiten. Es gilt, Begabungen und Schwächen, Unterschiede im Erleben und im Empfinden wahrzunehmen und zu respektieren. Es braucht Toleranz und Einfühlung. Die Lebensumstände, die persönlichen Eigenheiten wirken hinein in die Arbeit, aber auch Unterschiede in der Konstitution, was sich auf die verfügbare Energie und das Durchhaltevermögen auswirkt. Dies brauchte immer wieder klärende Gespräche und löste bei uns einen intensiven wechselseitigen Lernprozess aus. Es ging ja nicht zuletzt darum, dass die eine die andere nicht im Vorwärtsgehen behinderte.
Private Probleme mussten wir besprechen oder mindestens aussprechen, um ungestört arbeiten zu können. Dank dem intensiven Austausch von Gedanken, Ideen und Empfindungen entwickelte sich eine gemeinsame Sprache, mit der wir im Sinne einer Metakommunikation unser Vorgehen

benennen konnten und unsere Krisen anhand unserer eigenen Schrift überprüfen und überbrücken konnten.

Ist der Brei genießbar? Der Brei soll möglichst gut schmecken. Darum geht es, nicht um das Ansehen der Köchinnen. Das gemeinsame Projekt war unser Partner, der zentrale «Dritte im Bunde». Ihm musste alles, auch der persönliche Ehrgeiz, untergeordnet werden. Die Voraussetzung dafür ist natürlich die Fähigkeit, immer wieder eigene unzulängliche Gedanken fallen lassen zu können. Das gemeinsame Ziel, die Sache zu verstehen und darzustellen, ist dabei wichtiger als der egozentrische Wunsch, die eigene Ansicht durchzusetzen. Unterschwellige Rivalitäten können sich unbemerkt einschleichen. Es gilt, sie immer wieder wahrzunehmen. Vorschnelles Nachgeben entgegen der eigenen inneren Überzeugung ist aber auch nicht hilfreich.

Hatten wir Illusionen? – Als Illusion erwies sich die Idee, dass jede einen Teil allein bearbeiten würde, so dass am Schluss das Ganze wie ein Patchwork hätte zusammengefügt werden können. Es war notwendig, einen gemeinsamen Schreibstil zu finden, immer wieder gemeinsam um die beste Formulierung zu ringen. Da gab es Zeiten, wo gemeinsam Wort für Wort abgewogen wurde. So ergab sich eine Vertiefung, welche keine von uns alleine zustande gebracht hätte. Dies bedeutete für beide eine persönliche Bereicherung. Der Preis war der große Aufwand an Zeit und an Energie.

Der große Zeitaufwand hat uns immer wieder unter Druck gesetzt. Immer wieder kam Enttäuschung auf darüber, dass alles viel, viel länger dauert, als wir uns vorgestellt hatten. Dann schlich sich das Gefühl einer unglaublichen zähen, mühsamen Kleinarbeit ein. Auch dazu drängt sich ein Vergleich aus der Küche auf: Aschenputtel musste Linsen aus der Asche lesen, wobei ihr die Vögel zu Hilfe kamen.

Wie haben wir nun konkret gearbeitet? Da beide privat und beruflich stark eingespannt sind, planten wir von Zeit zu Zeit ein paar Tage gemeinsamer Arbeit. Oft reisten wir weg. So konnten wir Abstand nehmen vom beruflichen und privaten Alltag.

Wichtig war die gemeinsame Einstimmung auf das Thema, jeweils morgens und vor jeder Arbeitsetappe. Das haben wir zelebriert. Dazu gehörte das Einbeziehen und Besprechen unserer Träume, aber auch das Lesen eines kurzen meditativen oder lyrischen Textes. Ohne diese Einstimmungen hätten wir aneinander vorbei gearbeitet. Und uns gegenseitig überfahren oder genervt. Immer wieder war es auch nötig, dass jede sich zurückzog und den eigenen Freiraum suchte, um wieder zu sich selber zu kommen.

Material gesammelt hat jede auf eigene Faust. Die Theorie, aber auch die Resultate der Befragungen, sowie die Informationen von Fachpersonen mussten an den eigenen Erfahrungen genau überprüft werden. All dies bildete das Skelett, das nun Fleisch und Haut brauchte, um zum Leben zu erwachen. Wir haben nicht ins Leere gesammelt, sondern öffneten uns für das, was uns in Zusammenhang mit unserem Projekt begegnete.

Um zu inkubieren, unternahmen wir immer wieder Spaziergänge zwischen den Arbeitsphasen. Es war nicht immer einfach, uns diese Zeit zu nehmen und zu gönnen. Wir kämpften oft an gegen eine gewisse Ungeduld, vorwärts zu kommen, da unsere gemeinsame Arbeitszeit beschränkt war. Trotz aller Ungeduld merkten wir, dass wir zwischen den Arbeitsphasen unbedingt Abstand und Ruhe brauchten. Wenn eine oder zwei Köchinnen eine Mahlzeit zubereiten wollen, gibt es immer wieder Dinge, die sich nicht beschleunigen lassen. «Man gönne dem Hefeteig eine Stunde Ruhe» heißt es in alten Kochbüchern. Es braucht Pausen: Essen, Spaziergänge, Baden Schlafen. Abstand nehmen hilft auch, wenn man sich verbeißt oder im Intellektuellen verstrickt. Qualvoll war die Unsicherheit: bringen wir es auf die Reihe? Ergibt sich die Vision einer neuen Ordnung? Die zwei Köchinnen wollten unter keinen Umständen einen Einheitsbrei riskieren.

Besonders fruchtbar war das Brainstorming zu zweit. Wir haben Momente erlebt, in denen wir uns gegenseitig inspirierten. Aha-Erlebnisse beflügeln und wirken ansteckend. Der Einfall der einen bewirkte einen Einfall der anderen. Ein gegenseitig inspirierendes Funkeln von Aha's stellte sich ein. Damit erlebten wir beide einen Zuwachs an Energie, wie ein Ping Pong von Aha's. Es galt dann, die Eingebungen anzuerkennen und zu würdigen und Fehlzündungen nicht zu entwerten.

Im Großen und Ganzen versuchten wir uns auf die gleiche Arbeitsphase einzustimmen. In der Detailarbeit verschoben sich die Phasen dauernd oder gingen nahtlos ineinander über. Da war die eine am Eintippen des einen Satzes, während die andere ihn überprüfte, oder schon über dem nächsten Satz brütete. Dass wir die Texte weitgehend Satz für Satz gemeinsam schrieben, wollte man uns zuerst kaum glauben. Auch dies verlangsamte unsere Arbeit, vertiefte sie aber auch – und es ging.

Es war aber auch eigenständige Arbeit möglich. Die Aufgabe der Kollegin war dann hinterher, das Verfasste zu integrieren, zum Eigenen zu machen, oft auszufeilen und umzuformen.

Eine besondere Herausforderung waren die theoretischen Abschnitte. Wir wollten jeden Gedanken nachvollziehbar darstellen. Die Sprache musste einfach sein, und immer wieder galt es, theoretische Aussagen an der persönlichen Erfahrung zu messen und in die Erfahrung einzubinden. Besonders wertvoll waren unsere oft sehr unterschiedlichen Erfahrungen.

Zur kritischen Beurteilung gaben wir das Manuskript Freunden zum Lesen und zur Stellungnahme. Die Anregungen überprüften wir. Was wir einbetten konnten in unsere Erfahrung, zum Eigenen machen konnten, haben wir übernommen. So entwickelte sich das Buch zu einem Teil von uns selber. Die Reflexion unserer eigenen Schreiberfahrung floss immer wieder ins Buch ein.

Wir waren immer wieder dankbar, zu zweit zu sein. Mindestens eine von beiden hielt jeweils durch, wenn die Jahre dauernde Arbeit der anderen endlos erscheinen wollte. Keine von uns hätte das Buch allein zustande gebracht. Keine von uns verfügt über genügend Zeit, um ungestört ein so umfangreiches Projekt zu realisieren und sich über längere Zeit voll auf ein Thema einzulassen. Wir beide brauchten immer wieder die Zuversicht, Geduld und Ausdauer der Arbeits- und Leidensgefährtin. Die Teamarbeit war eine persönliche und eine inhaltliche Bereicherung. Hätte nur eine Köchin den Brei gekocht, so wäre er nie so nahrhaft geworden.

DER MUSENKUSS UND DIE TYPOLOGIE

KIM, MARLIES, LINUS UND BETTINA –
TYPOLOGISCHE UNTERSCHIEDE

Im ersten Teil haben wir geschildert, wie ein Kreativitätsprozess erlebt wird, und wir haben sechs Phasen beschrieben. Weshalb greifen wir nun zu einer Typologie?

Stellen Sie Sich eine Primarlehrerin vor. Sie stellt ihrer Klasse von 10- bis 12-jährigen Kindern eine ungewohnte Aufgabe, bei der sie nicht auf Bekanntes zurückgreifen können. Beispielsweise fordert sie die Schüler auf, ein Schulzimmer nach ihren Wünschen und Vorstellungen einzurichten. Dazu verteilt sie Papier und Farben. Was geschieht nun? Es zeigt sich, dass die Kinder ganz unterschiedlich vorgehen. Einige Schüler werden sich sofort mit Feuereifer auf die gestellte Aufgabe stürzen. Andere kauen hilflos am Bleistift oder an ihren Fingernägeln und versuchen, mit Blicken zu erhaschen, was ihre eifrigen KollegInnen aufs Blatt bringen. Vielleicht schließen sie sich allmählich in kleinen Gruppen zusammen und besprechen das Vorgehen. Wieder andere wirken geistesabwesend. Vielleicht spielen sie mit ihrem Material, vielleicht schauen sie zum Fenster hinaus. Sie lassen sich Zeit, und plötzlich ist ein Entwurf da. Und schließlich gibt es Kinder, die gründlich und beharrlich bei A beginnen und bei Z aufhören.

Es ist klar: neben individuellen Ausprägungen gibt es ein Verhalten gegenüber einer neuen ungewohnten Aufgabe, welches für mehrere Schüler innerhalb der Klasse ähnlich ist. Die Lehrerin stellt fest: Die verschiedenen Schülergruppen weichen in ihrem Verhalten voneinander ab.

Dies betrifft nicht nur Kinder, sondern ebenso Erwachsene. Es ist erstaunlich: Wenn Erwachsene sich über ihre Arbeitsweise austauschen, gewinnen sie bald einmal den Eindruck, sie sprächen verschiedene Sprachen. Mit andern Worten: Verschiedene Menschen durchlaufen einen kreativen Prozess auf unterschiedliche Weise, je nach ihrer Charakterstruktur.

Wir nehmen an, die unterschiedlichen Arten, einen Arbeitsprozess zu erleben, sei immer auch eine Frage der Typologie. Auf die beschriebene Schulklasse lassen sich die unterschiedlichsten Typologien anwenden.

Galenos (129–199 n. Chr.) Leibarzt griechischer Herkunft des Kaisers Marc Aurel, hat eine Typologie der Temperamente begründet: er unterscheidet zwischen cholerischer, sanguinischer, melancholischer und phlegmatischer Gemütsverfassung. Seine Einteilung beruht auf der Typologie des Hippokrates, der die Temperamente nach dem Vorherrschen der Körpersäfte beschrieben hat: Blut, schwarze Galle, gelbe Galle, Schleim.[103]

Viel später hat der Psychiater und Neurologe Ernst Kretschmer (1888–1964) bahnbrechende Forschungen über die menschliche Konstitution gemacht. Er entwickelte eine Typenlehre auf Grund des Körperbaus und unterschied zwischen der leptosomen, der athletischen und der pyknischen Konstitution. Dazu definierte er den dysplastischen Typ, welcher die unterschiedlichsten Abweichungen umfasst.

Die Typologie von C.G. Jung (1875–1961) bezieht sich auf die unterschiedliche Art, die Umwelt aufzunehmen und darauf zu reagieren. Er spricht von der Intuition, vom Denken, vom Empfinden und vom Gefühl.[104] Jungs Typologie ist dynamisch und beinhaltet Entwicklungsmöglichkeiten. Sie ist jedoch nur begrenzt brauchbar für Fragen des Arbeits- und des Beziehungsverhaltens.

Für unsere Fragestellung nach dem unterschiedlichen Verhalten im Arbeitsablauf lässt sich die Typologie, welche Fritz Riemann ausgearbeitet hat, am besten anwenden.[105] Riemann ist Psychiater und kommt von der Psychoanalyse her. Er leitet seine Typologie von den vier wichtigsten seelischen Krankheiten ab: der Schizophrenie, der Zwangsneurose, der Hysterie und der Depression. Er erkannte, dass diesen Krankheiten Wesensmerkmale zu Grunde liegen, wie sie in jedem gesunden Menschen vorkommen. Diese Charakterzüge beeinflussen unsere Handlungsweise und unser Beziehungsverhalten. Seine Typologie ist kein starres System, sie beinhaltet Möglichkeiten der Entwicklung und Wandlung.

Seine Typenlehre ist jedoch pathologisierend und auf psychische Störungen ausgerichtet. Heute versucht man, diese Haltung zu vermeiden. Wir haben sie deshalb nicht nach Schwächen, sondern nach den entsprechenden Stärken und besonderen Begabungen umbenannt. In dieser neuen und zeitgemäßen Form entstand eine dynamische Typologie der Ressourcen, mit der wir arbeiten. Das heißt: jedem dieser vier Typen liegen normale, gesunde Charaktermerkmale und Begabungen zugrunde. Auf Grund dieser persönlichen Besonderheiten kann sich jede und jeder erkennen, ohne sich in Frage stellen zu müssen.[106] [107] Im Folgenden wollen wir die vier Typen kurz vorstellen.

Der eigenständige Typ: Riemann bezeichnet ihn als schizoid.
Aus ressourcenorientierter Sicht ist ein Mensch vom eigenständigen Typ sachbezogen. Er ist unabhängig, kühl und unbestechlich. Er verfügt über eine gute Abstraktionsfähigkeit, er ist unkonventionell und ein Ästhet.

Der methodische oder strukturierte Typ: Riemann bezeichnet ihn als zwanghaft.
Aus ressourcenorientierter Sicht ist ein Mensch vom methodischen Typ zuverlässig und diszipliniert, bezogen auf Form und Sicherheit, systematisch und sachbezogen.

Der impulsive oder spontane Typ: Riemann beschreibt ihn als hysterisch.
Aus ressourcenorientierter Sicht ist er kontaktfreudig und gleichzeitig selbstbezogen. Er ist spontan, wendig, gefühlsbetont und begeisterungsfähig.

Der einfühlsame oder beziehungsorientierte Typ: Riemann beschreibt ihn als depressiv.
Aus ressourcenorientierter Sicht ist er stark auf andere Menschen bezogen, teilnahmefähig und rücksichtsvoll. Er geht gefühlsbetont und intuitiv vor.

Die starke und einseitige Ausprägung eines Typs hat Vor- und Nachteile für den betroffenen Menschen; die Stärke kann einhergehen mit einer hohen Begabung. Sie ist aber oft gekoppelt mit einer ebenso deutlichen Schwäche, bedingt durch wenig entwickelte Fähigkeiten, oder durch solche, die durch Angst nicht ausgelebt werden.

Immer ist der Typ Ausdruck einer persönlichen Anlage und Begabung, kombiniert mit der Prägung von Elternhaus und Umwelt. Die Typologie entwickelt und verändert sich im Laufe des Lebens.

Fritz Riemann hat seine Typologie zu menschlichen Grundängsten in Beziehung gesetzt. Da er sie als Reaktion auf diese Ängste versteht , ist sie nicht statisch. Das Erkennen und Überwinden der Angst ermöglicht Entwicklung und setzt Kreativität frei. Somit bietet Riemanns Typologie auch die Grundlage zu einem Kriseninterventionskonzept, welches hilft, Blockierungen in Arbeits- und Entwicklungsprozessen aufzulösen. Und wir verdanken der Typologie einen vertieften Einblick in das Wandlungspotential, welches durch die Auflösung von durch Angst bedingten Blockierungen frei gelegt werden kann.

Kehren wir nochmals zurück zur Lehrerin und ihrer Schulklasse. Wie sehen die fertigen Entwürfe für ein Schulzimmer aus, welches die Kinder nach ihren eigenen Wünschen und Vorstellungen gestaltet haben? Sicher haben die Kinder sehr unterschiedliche Lösungen gefunden. Der Lehrerin werden, je nach ihrer eigenen Typologie, bestimmte Entwürfe besser gefallen als andere. Wenn sie sich ihrer eigenen Einseitigkeit bewusst ist, kann sie den Wert der Arbeiten in ihrer typologischen Färbung erkennen und damit allen Kindern gerecht werden.

Es ist klar, dass jede Typologie eine grobe Vereinfachung bedeutet. Die allermeisten Menschen tragen Charakterzüge, Stärken und Schwächen von mehreren Typen in unterschiedlicher Ausprägung in sich. Die Wirklichkeit bietet eine unendliche Vielfalt an Möglichkeiten. Es kommen sämtliche Mischformen der vier Typen vor. So ergibt sich eine große Bandbreite normaler Verhaltensweisen. Die krasse Stilisierung, welche eine Typologie mit sich bringt, hilft uns, die unterschiedlichen Wesensarten herauszuarbeiten und zu erkennen.

Vor allem Kulturschaffende wittern bei jeder Typologie die Gefahr, einseitig auf einen Typ festgelegt zu werden. Zu Recht; jede Typologie kann missbraucht werden, sobald sie als Machtmittel eingesetzt wird. Wer will schon in eine Schublade gesteckt und mit einem Etikett versehen werden! Ganz anders reagieren Pädagogen und Psychologen, welche Menschen fördern und begleiten wollen. Sie erkennen in der Typologie eine Möglichkeit, sich der eigenen Einseitigkeit bewusst zu werden und das Verständnis und die Toleranz gegenüber anders Veranlagten zu erhöhen. Wir selbst waren fasziniert von den unterschiedlichen Erlebens- und Vorgehensweisen im Ablauf einer kreativen Arbeit, welche dank der Typologie fassbar geworden sind.

Für jeden der vier Typen haben wir eine fiktive Gestalt entworfen. So sind Kim, der Eigenständige, Marlies, die Strukturierte, Linus, der Spontane und Bettina, die Einfühlsame entstanden. Hinter jeder der vier Gestalten sammeln sich unsere Erfahrungen mit mehreren real existierenden Menschen, die jedoch in eine einzige Gestalt verdichtet worden sind. Die Geschlechtszugehörigkeit ist willkürlich.

Wir haben uns in Kim, Marlies. Linus und Bettina hineinversetzt. Aus ihrer Sicht schildern wir, wie sie je auf ihre besondere Art einen kreativen Prozess erleben. Zudem haben wir eine Reihe von realen Begebenheiten gesammelt, welche die typologisch spezifischen Klippen im Gestaltungsprozess illustrieren. Alle Episoden beruhen auf realen Begebenheiten. Sie wurden verfremdet und die Namen geändert.

Wie steht es nun mit der Muse? Vom Musenkuss sprechen wir im Moment der Erkenntnis. Wir können die Metapher vom Musenkuss jedoch gut als Bild für das Erleben des ganzen Arbeitsablaufes übernehmen. Küsst die Muse alle vier Typen, Kim, Marlies, Linus und Bettina auf die gleiche Art – oder macht sie Unterschiede? Wie reagieren die vier auf ihren Kuss? Dem wollen wir nachgehen.

KIM, DER EIGENSTÄNDIGE

Kim ist 26 Jahre alt. Er hat eine Ausbildung als Graphiker gemacht und sich ein eigenes Studio eingerichtet. Über sich selber sagt Kim:

«Was soll ich über mich selber sagen? Da gibt's nicht viel zu berichten. Ich bin Graphiker. Mein Beruf gefällt mir sehr. Ich bin froh, dass ich selbständig arbeiten kann. Während der Ausbildung war es manchmal mühsam… das Gefühl, ständig schaut dir jemand über die Schulter. Richtig blockier hat mich das.
Jetzt? Ja, wenn ich ein Projekt übernehme, ist es nicht so, dass ich mich sofort dahinter machen kann. Scheinbar mache ich anderes, was nicht meine volle Aufmerksamkeit beansprucht. Ich kann auch schwimmen oder joggen gehen oder eins trinken mit Kollegen. Ohne dass ich merke, was passiert, reift irgend so etwas in mir. Wie eine Schwangerschaft? Sicher nicht! Bei schwangeren Frauen siehst du ja den Bauch wachsen. Mir ist

wichtig, dass man mir von außen gar nichts anmerkt. Irgendwann, früher oder später, ist etwas in mir herangereift. Wenn ich unter zeitlichem Druck bin, dann halt früher. Jetzt kann ich mich an die Ausführung machen. Das ist eine gute Zeit, ich kann mich dann voll konzentrieren und dabei bleiben. Tüfteln, in allen Details ausarbeiten, das liegt mir weniger. Und gute Ratschläge kann ich schon gar nicht brauchen. Entweder es wird etwas, oder es geht halt in die Hosen. Dann probierst du es halt nochmals. Korrigieren? Das ist echt schwer. Meist denk ich, entweder die nehmen es so wie es ist, oder dann ist halt nichts damit.

Zweifel, Enttäuschungen? – Zweifel nein. Ärger schon. Zum Beispiel hast du wirklich ein geniales Projekt bearbeitet. Und plötzlich heißt es: der Kredit wird gekürzt. Da bist du schon enttäuscht. Am liebsten würdest du denen den Bettel vor die Füße werfen. Wenn ich könnte… ja, dann würde ich die Idee ausführen, auch ohne Geldgeber.»

Es fällt auf, wie wenig Kim über sich selber aussagt. Er bleibt höflich, ist aber an einem Gespräch über seine Arbeitsweise nicht sonderlich interessiert. In seiner Schilderung bleibt Kim völlig sachlich.

In diesen kargen, aber deutlichen Aussagen kommen wichtige Wesenszüge von Kim zum Ausdruck: Unabhängigkeit und Eigenverantwortung sind ihm sehr wichtig. Er bewegt sich darin mit Leichtigkeit. Dies zeigt sich darin, dass er schon im Alter von 26 Jahren ein eigenes Studio hat. Es zeigt sich auch in seiner eigenständigen Arbeitsweise.

Über seine Befindlichkeit äußert er sich nicht. Er lässt sich nicht in die Karten blicken und zeigt nicht, was in ihm vorgeht. Diese Zurückhaltung wirkt höflich und unverkrampft, sie liegt in seiner Art.

Wenn ein Projekt an Kim herangetragen wird, kann er klar «Ja» oder «Nein» dazu sagen. Zweifel plagen ihn nicht, denn er spürt, ob es ihn anspricht, und er kann seine Fähigkeiten einschätzen.

Das Sammeln von Material und Ideen geht ihm leicht von der Hand. Er verliert darüber keine Worte. Er kennt die Wechselwirkung zwischen technischen Möglichkeiten und gestalterischen Ideen.

Sehr interessant ist, was Kim über die anschließende Inkubationszeit sagt: Er geht schwimmen, joggen, oder trifft sich mit Kollegen. Er zieht sich nicht in sein Studio zurück, um zu knobeln, nachzudenken und zu tüfteln. Dabei setzt er sich nicht unter Druck, sondern nimmt sich Zeit, um sein Projekt schmoren zu lassen.

Mit seinen ablenkenden Tätigkeiten vermeidet er ein allzu zielorientiertes Denken. Er versetzt sich in einen Zustand von frei schwebender Aufmerksamkeit und lässt das Unbewusste ihn Ruhe. Er vertraut darauf, dass im richtigen Moment die Idee zur Gestaltung schon auftauchen wird.

Es ist ihm wichtig, dass man ihm seine «Schwangerschaft» von außen nicht ansieht. Er tauscht sich mit niemandem darüber aus. Er benimmt sich dabei wie ein Alchimist, der weiß, dass sich nur in einem gut verschlossenen Gefäß Steine in Gold verwandeln werden.

Die Inkubation hält Kim erstaunlich gut aus, solange er ungestört und auf sich gestellt bleibt. In einem Team würde er in dieser Phase keinen Austausch ertragen. Schon als Student hat er jede Belehrung oder Hilfestellung unwirsch zurückgewiesen und sie als unzulässige Einmischung erlebt. Er spricht sogar von einer Blockierung. Austausch oder Belehrung bedeuten für ihn eine Bedrohung seiner Autonomie. Es braucht wenig, und er fühlt sich bedroht. Dahinter steht eine große Angst vor Abhängigkeit. Abhängigkeit versucht er zu vermeiden. Er hat dabei das Gefühl, ausgeliefert und hilflos zu sein. – «Richtig blockiert hat mich das», berichtet Kim. Eine Blockierung tritt dann ein, wenn er sich gleichzeitig nach außen und gegen innen wehren muss: nach außen, um seine Autonomie zu schützen, und gegen innen, um aufsteigende Ängste abzuwehren. Seine ganze Energie ist in dieser doppelten Abwehr gebunden, und er kann vorübergehend nicht mehr arbeiten.

Über das Aha-Erlebnis berichtet Kim nichts. Was bedeutet dies? Wenn er über etwas schweigt, ist es entweder gar nichts wert, oder etwas besonders Kostbares. In diesem Zusammenhang ist es besonders kostbar. Das zeigt sich an der Energie, die sich anschließend einstellt. Es fällt ihm schwer, Worte für das Aha-Erlebnis zu finden. Es ist ein Moment, in dem er sich ganz kurz in einem Zustand erlebt, der sein Alltagsbewusstsein übersteigt. Dabei wird ihm etwas zuteil, das er durch eigene Anstrengung nicht erringen kann. Er will es nicht zerreden. Aber offensichtlich kann er plötzlich intensiv arbeiten.

Nach dem Aha ist viel Energie da. Mit der Idee kann er sich identifizieren. Er verspürt Lust, die Idee auf den Boden zu bringen. Er arbeitet zielstrebig. Er hat eine aktiv zupackende Haltung und bleibt innerlich der Anfangsidee verbunden. Er tritt nicht in einen Dialog mit der Arbeit; er ist derjenige, der gestaltet. Dabei benimmt er sich seiner Idee gegenüber wie ein Dompteur, der das wilde Tier unter Kontrolle bringen will.

Ihn lähmen keine Selbstzweifel. Eher läuft er Gefahr, den Boden unter den Füßen zu verlieren. Da er so intensiv mit seiner Idee verbunden ist, gerät er in eine Alles-oder-Nichts-Haltung, was ihm Schwierigkeiten eintragen kann. Er vergisst beim Arbeiten nicht nur Raum und Zeit, sondern auch reale Gegebenheiten wie Budget, Kostenabsprache und den Austausch mit dem Auftraggeber. Er ist überzeugt, dass er am meisten Erfolg haben wird, wenn er seine Idee so gut wie möglich umsetzt.

Wenn er in der Verifikationsphase das ausgearbeitete Projekt dem Auftraggeber vorlegt, kann es für beide Teile schwierig werden. Kim fehlt in erstaunlichem Maß die Flexibilität, um Vorschläge für allfällige Änderungen und Anpassungen entgegenzunehmen oder gar zu integrieren. Er selbst sagt deutlich: «Entweder die nehmen es, so wie es ist, oder dann ist halt nichts damit.» – Warum ist er hier so rigide? Er ist derart identifiziert mit seinem Projekt, dass er es wie einen Teil seiner selbst erlebt. Dementsprechend empfindet er Kritik an seiner Arbeit wie ein Infragestellen seiner selbst. Kritik bedeutet für ihn ein Eindringen zwischen sich selbst und seine Arbeit. Er erlebt sie bedrohlich und zerstörerisch. Dies löst massive Ängste aus, welche mit Wut abgewehrt werden. Der Kritiker wird als Aggressor erlebt. Kim schützt sich, indem er den Kritiker entwertet oder die Beziehung zu ihm abbricht.

Die Regenerationsphase kommt bei Kim nicht zur Sprache. Offenbar liegt sie für ihn wie außerhalb seiner Wahrnehmung, in einem Bereich, den er ausklammert.

Wie ergeht es der Muse mit Kim? Mit ihm hat sie es leichter als mit den anderen Typen. Wir werden es sehen: Keiner gewährt ihr so viel Freiheit wie Kim. Irgendwann, während er sein Projekt bebrütet, lässt sie sich herbei, guckt ihm über die Schulter… und unvermutet schenkt sie ihm den Aha-Kuss.

Wesensmerkmale der eigenständig Veranlagten:
Werte: Eigenständigkeit, Unabhängigkeit
Ängste: Hingabe wird als Ich-Verlust und Abhängigkeit erlebt
Arbeitsverhalten: sachbezogen, bleibt gefasst und kontrolliert

Menschen vom Kim-Typ sind zielstrebig. Sie sorgen für eine gute Infrastruktur, ein zweckmäßig aufgebautes Arbeitsfeld. Sie arbeiten intensiv und lassen sich kaum ablenken. Eine weitere Stärke beruht auf der Fähigkeit zum Containing. Das heißt, sie haben die Fähigkeit, vorübergehende innerpsychische Spannungen auszuhalten, ohne diese durch allerlei zusätzliche Aktivitäten abzureagieren und ohne die eigene innere Haltung zu verlieren. – Schwächen liegen im mangelnden Austausch, in der Abwehr von Kritik und in der Angst vor Hingabe

Der mangelnde Austausch mit einem Auftraggeber und die Schwierigkeit im Umgang mit Kritik können spätestens in der Phase der Verifikation zu einer eigentlichen Hürde werden. Dazu das folgende Beispiel:

Peter ist Architekt. Er hatte den Auftrag, einen Anbau an ein bestehendes Haus zu erstellen. Begeistert fotografierte er das Haus von allen Seiten und versicherte seinem Auftraggeber immer wieder, der Anbau werde wunderschön. Wenn der Bauherr nach Skizzen verlangte, wurde er auf später vertröstet. – Nach drei Monaten war es soweit: Peter legte sein baureifes Projekt vor. Der Bauherr war sprachlos. An seinem einfachen, unprätentiösen Haus prangte das Modell eines großartigen, protzigen Anbaus, passend zur Villa eines Filmstars oder eines Geldwäschers. Nach einer schlaflosen Nacht verlangte der Auftraggeber, Peter solle sein Projekt ändern. Dieser aber verstand die Welt nicht mehr. Man wagte, sein Projekt zu kritisieren? Es war doch perfekt! Peter war außerstande, auch nur das Geringste zu verändern. – Man trennte sich. Der Bauherr bezahlte die Aufwendungen für die Projektierung.

Eine weitere Schwierigkeit für Menschen vom Kim-Typ ist der Moment, wo eine Idee umgesetzt werden sollte. Im ersten Teil zitieren wir eine Studierende: «Meine schönsten Ideen bringe ich nicht zu Papier.» – Sie weiß, dass sich die ursprüngliche Idee während der Ausführung verändert und ist überzeugt, sie damit zu entweihen.

Die Phase der Erholung ist nicht ungefährlich für Menschen vom eigenständigen Typ. Hier melden sich unterdrückte Strebungen und Sehnsüchte mit oft unwiderstehlicher Macht. Ein Journalist beispielsweise lässt sich in der Zeit zwischen der Vollendung eines Artikels und dessen Veröffentlichung volllaufen. Oder eine Malerin versinkt nach der Vernissage in einen Dauerschlaf. Andere suchen Entgrenzungserlebnisse in der Sexualität. Sie alle haben einen unwiderstehlichen Drang, sich vorübergehend fallen zu lassen, um wieder zu sich zu kommen. Während des Arbeitsprozesses waren sie ausgesprochen einsam und derart auf ihre Autonomie bedacht, dass sie vorübergehend ins andere Extrem fallen.

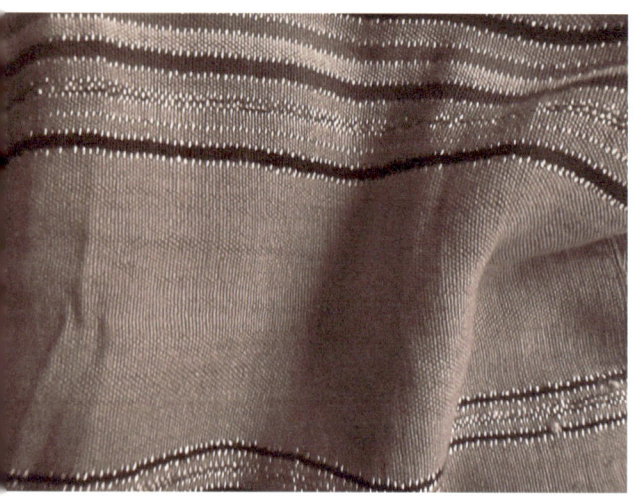

MARLIES UND IHR
METHODISCHES VORGEHEN

Marlies ist 25 Jahre alt und Textilkünstlerin. Sie sagt über sich:

«Schau dich um. Dies ist mein Atelier. Vor zwei Jahren hab ich es mieten können. Hier, auf diesem Gestell siehst du mein Material, Wolle und Seide in allen Farbschattierungen. Leider hat die Firma, von der ich die Fäden beziehe, ihr Sortiment reduziert. Schon längst sollte ich eine neue Firma suchen, aber ich stelle mich nicht gern um. Mir graut vor dem neuen Gesicht eines unbekannten Vertreters. Zum Glück habe ich Vorräte angelegt. Aber von meinen Lieblingsfarben fehlen nun schon drei Abstufungen. Sie sind mir ans Herz gewachsen, fast wie ein Stück von mir geworden. Auf andere Farbkompositionen möchte ich nicht umsteigen, oder höchstens schrittweise.
Die Bücher hier? Schau dir eines an. Es enthält traditionelle Muster der Navajo-Indianer. Ich habe auch Muster von asiatischem und afrikanischem Kunsthandwerk. Hier finde ich immer wieder tolle Anregungen.

Ja, eine gewisse Ordnung brauche ich schon, wenn ich mit einer neuen Arbeit beginnen will. Und in meinem Leben auch, wenn du schon so direkt danach fragst. Ein Beispiel? – Nun, ich komme jeden Morgen zu Fuß, und ich gehe eigentlich immer durch dieselben Straßen. So sehe ich auch unmerkliche Veränderungen, wie im Frühling die Knospen dicker werden, bis sie platzen, oder wo wieder eine Straße aufgerissen wird.

Du willst wissen, wie ich eine neue Arbeit anpacke? Zunächst muss ich alles wegräumen, was an das letzte Objekt erinnert. Am liebsten würde ich es nochmals gleich machen. Ich freue mich jedes Mal, wenn jemand kommt und mir den Auftrag gibt, nochmals ein gleiches Objekt zu gestalten, oder mindestens etwas Ähnliches. Und dann vertiefe ich mich in die Bücher. Ich besuche auch Ausstellungen, mache mir Skizzen und Notizen. Das gibt mir eine große Befriedigung. Fast könnte es dabei bleiben, wäre da nicht der Druck, wenn ich zum Beispiel bei einer Ausstellung mitmache. Der nächste Schritt fällt mir ausgesprochen schwer. Ich möchte beispielsweise ein neues Motiv einbauen, eine neue Farbkombination ausprobieren. Da mache ich zunächst Muster, eins ums andere. Ja, und dann sollte ich auswählen können, oder eher weglassen. Hier habe ich mir eine Methode ausgedacht, mit der ich mich sozusagen selber überlisten kann: Ich lege meine Muster hin. Ich nehme sie weg, lege sie anders hin. Ein wenig erinnert mich das ans Memory-Spiel. Manchmal muss ich aufpassen, dass ich mich nicht verbeiße. Das braucht Geduld. Immer wieder steigt auch die Angst auf: diesmal missrät es, diesmal versagst du. Es ist echt schwierig. Irgendwann ist es dann soweit. Ich kann die Ausführung planen, den Webstuhl einrichten. Und wenn ich am Weben bin, so kann ich all die Anfangsschwierigkeiten vergessen. Dann bin ich voll konzentriert. Erst wenn's ans Aufhören geht, wird es wieder schwierig. Manchmal ist es vom Objekt her klar, manchmal würde ich am liebsten weiter weben. – Und wenn ich es dann kritisch anschaue, gibt es meist da und dort noch etwas, was ich hinzufügen möchte, oder ändern. Zum Glück bin ich nicht Malerin, da würde ich wohl nie fertig.

Ob ich schon Ausstellungen gemacht habe? – Doch, ja. Es freut mich, eine Ausstellung vorzubereiten. Ich stelle den Katalog mit Fotos und erklärenden Texten zusammen, spreche mich mit der Galeristin ab über die Or-

ganisation und die Preise und platziere die Objekte mit ihr. Dann, während der Vernissage, sehe ich plötzlich alles, was nicht perfekt ist, wie mit einem Vergrößerungsglas. Furchtbar! Ich ertrage das fast nicht. Ich spüre aber auch Stolz und Genugtuung; besonders, wenn ein Stück verkauft wird. Anderseits gebe ich es ungern weg. Es beruhigt mich aber zu wissen, wo mein Objekt am neuen Ort installiert wird.

Wie ich mich erhole? Das ist ganz unterschiedlich. Auf jeden Fall muss ich hier weg, hinaus aus meinem Atelier. Ich ertrage es nicht, den Webstuhl leer zu sehen.

Manchmal gehe ich aus mit einer Freundin. Die Arbeit am Webstuhl ist doch sehr einsam. – Für Auslandferien buche ich Gruppenreisen; am liebsten sind mir Wanderferien. Da erhole ich mich gut, und ich komme reich beschenkt mit visuellen Eindrücken nach Hause. Privat irgendwohin reisen liegt mir nicht. Das ist mir zu unsicher. Am liebsten bleibe ich in Europa.»

Marlies hat sich eigene Arbeitsstrukturen gegeben. Dies zeigt sich im Gewicht, das sie ihrer Einrichtung gibt, ebenso in den Vorräten des Arbeitsmaterials und den Büchern über die textile Arbeit anderer Kulturen, die sie besitzt. Ihr Tagesablauf ist wohlgeordnet. Nicht zuletzt kommt ihre Liebe zu ordnenden Strukturen auch in der Arbeitsweise selbst, im Weben, zum Ausdruck. Das Weben ist ja von jeher ein Bild für Geduld, für einordnende und bewahrende Qualität. Über all das spricht sie zuerst ausführlich, ehe sie sich zum Arbeitsablauf selbst äußert.

Sie vermittelt den Eindruck, dass dieses Ordnende und Bewahrende in ihrem Leben eine große Rolle spielt. Offenbar hat sie ein großes Bedürfnis nach Sicherheit. Sie kann damit eine ganz andere Seite ihrer selbst in Schach halten: die Angst vor Neuem, die Angst vor dem Ungewissen. Ihre Veranlagung hilft ihr, sich umsichtig und gut einzurichten. Es bringt sie aber schon in Bedrängnis, wenn eine Firma, auf die sie sich bis jetzt verlassen hatte, die gewohnten Fäden nicht mehr liefert. Die Neugierde, oder gar die Lust, neue Lieferanten zu entdecken, kennt sie nicht. Sie macht es aus Notwendigkeit.

Am liebsten ist ihr, wenn sich das Neue sehr vorsichtig aus dem Alten heraus entwickelt. Allmähliche Veränderungen kann sie durchaus zulassen.

Der Kraft, mit der die Natur im Frühling nach eigenem Wachstum drängt, schaut sie mit Faszination zu. Vielleicht schöpft sie auch Mut und Selbstvertrauen daraus.

Während der Zeit der Vorbereitung fühlt sie sich ausgesprochen wohl. Sie vertieft sich in Bücher, inspiriert sich in Ausstellungen und sammelt Ideen. Das entspricht ihren Neigungen. Sollte sie dann aus dem Gesammelten eine eigene neue Form entwickeln, stellen sich, wie sie sagt, die Schwierigkeiten ein. Um etwas Neues zu finden, muss sie zwangsläufig Altes loslassen. Das macht sie denkbar ungern. Um dies zu überbrücken, hat sie einen Trick herausgefunden, mit dem sie sich selbst überlisten kann. Sie beginnt, mit neuen Möglichkeiten zu spielen. So ergeben sich zufällig neue Ordnungen, welche sie übernehmen kann. Ein Teil ihrer selbst spielt wie ein Kind. Ihre erwachsene Seite behält die Kontrolle über sich und über die Arbeit. Zusammen mit dem «inneren Kind» entdeckt sie Neues. Mit ihrem sicheren ästhetischen Empfinden erkennt sie, was für sie wertvoll ist.

Dieses spielerische Vorgehen ist eine geschickte Alternative zum Ausbrüten einer neuen Gestaltungsidee. Sie muss sich dabei innerlich nicht allzu tief fallen lassen und behält die Situation «im Griff». Das eigene Innere scheint ihr Angst zu machen, vielleicht erlebt sie es als bedrohlich und chaotisch.

Ist die neue Idee geboren, kann sie wieder auf ihre Stärken zurückgreifen und planen. Es ist, als ob eine Passhöhe erreicht wäre, und die Talfahrt geht wie von selbst. Für andere wäre das Planen und Einrichten eines Webstuhles keine Kleinigkeit. Dazu braucht es viel Geschick, Genauigkeit und Geduld. Sie macht es gerne. Und es ist ihr so selbstverständlich, dass sie gar nicht davon spricht. Auch die vielen Stunden und Tage, in denen sie ihr Webschiffchen hin und her fahren lässt, erwähnt sie nicht. Das ist für sie eine glückliche Zeit, in der sie selbstvergessen arbeiten kann, getragen von ihrer beruhigenden und wohltuenden Ordnung. Die Tätigkeit selbst macht ihr Freude und entschädigt sie für die Anfangsschwierigkeiten. Eigentlich hat sie gar keine Lust, diesem friedlich tätigen Zustand ein Ende zu setzen. Sie freut sich nicht, wenn er zu Ende geht, sie bedauert es.

Sie hat hohe Perfektionsansprüche, auch an sich selbst. Indem sie nach Arbeitsende noch das eine oder andere verbessert, genügt sie diesen inneren Ansprüchen und zögert gleichzeitig das Ende der Arbeit hinaus.

Nicht umsonst hat Marlies eine Gestaltungstechnik gewählt, wo der hand-werklich-technische Teil im Vergleich zum gestalterischen ein großes Ge-wicht hat. Dank ihrer Geduld, ihrem ausgesprochen langen Durchhaltever-mögen, ihrer Liebe zu allen technischen Möglichkeiten und zur Qualität des Materials kommen ihr die klaren Regeln bei der Ausführung entgegen. Sie ist zu Recht stolz auf ihr Können. Die Betonung liegt eher auf dem Kön-nen als auf dem Erfinden.

Beim Vorbereiten einer Ausstellung kann Marlies auf ihr Organisationsta-lent zurückgreifen. Die Verifikation, der Moment, wo andere ihr Werk be-wundern oder kritisieren, ist für sie eine besondere Herausforderung. Da sie unter großem Perfektionsdruck steht, erkennt sie wirkliche und ver-meintliche Fehler wie durch eine Lupe. Ihre Selbstkritik bezieht sich vor-wiegend auf die Ausführung, die perfekt sein muss. Wie geht sie um mit Kritik von außen? Sie kommt ihr zuvor mit den erklärenden Texten im Ka-talog. So kann sie allfälliger Kritik ihren eigenen Standpunkt entgegenset-zen. Damit unterbindet sie aber auch mögliche konstruktive Anregungen. Nach Abschluss einer Arbeit beschleicht sie ein unangenehmes Gefühl der Verlorenheit. Der leere Webstuhl irritiert sie. Eigentlich möchte sie sofort weiter machen. Fehlende Kontinuität und fehlende Struktur machen ihr Angst. Sie läuft deshalb Gefahr, sich schnurstracks in die nächste Arbeit zu stürzen. Anderseits spürt sie, dass sie Erholung braucht. Sie merkt auch, welche Art von Entspannung ihr gut tut und ihr entspricht und wie sie Fe-rien gestalten will.

Wie verhält es sich mit der Muse? Wann erscheint sie? Deutlicher als bei den anderen Typen zeigt sich, dass sich die Muse immer dann einstellen kann, wenn Marlies loslässt. Sobald sie eigene Konzepte weglegt, gibt sie der Muse Raum. Dies kann auf ihrem morgendlichen Arbeitsweg geschе-hen, aber auch während der Zeit der Erholung. Und eine ganz besondere Chance erhält die Muse in den Momenten, wo Marlies mit verschiedenen Möglichkeiten spielt.

Wesensmerkmale der methodisch Veranlagten:
Werte: Stabilität, Kontinuität, Sicherheit, Ordnung
Ängste: Chaos, Ungewissheit, Veränderung
Arbeitsverhalten: sachbezogen, konstant, systematisch,
zuverlässig, geduldig

Aus dieser psychischen Konstellation können sich Schwierigkeiten beim Übergang vom Sammeln in die Inkubation ergeben. Die folgende authentische Geschichte zeigt dies auf:

Hans ist Psychologe. Seit Jahren arbeitet er an einem Fachbuch. Da er ein gewissenhafter Sammler ist, hat er zu seinem Thema sorgfältig recherchiert und die dazu bereits erschienene Literatur auch einbezogen. Da nun aber laufend neue Literatur zu seinem Thema erscheint und er diese sichten und einbeziehen will, kommt er nie dazu, abzuschließen und sein eigenes Buch zu veröffentlichen.

Hans kommt nicht zum Inkubieren. Er ist so perfektionistisch, dass er sein Sammeln nicht begrenzen kann. Inkubieren heißt, das Gesammelte mit dem Eigenen zu verbinden. Bei Hans türmt sich die Literatur mehr und mehr auf und begräbt darunter eigene Gedanken und Ideen.

Andere machen das Sammeln zum Selbstzweck und werden Sammler. Sammeln kann für methodisch veranlagte Menschen zur Passion werden. Sie sind beispielsweise tätig als Kunstsammler, Kuratoren oder Bibliothekare. Ihre Stärke liegt im Erkennen der Qualität und in der sorgfältigen Auswahl der Objekte. Die Präsentation einer Sammlung schließlich erfordert ein hohes Maß an Kreativität.

Die Inkubation selbst ist eine weitere Hürde für methodisch Veranlagte. Um ein Projekt zu bebrüten, muss die Führung vorübergehend ans Unbewusste abgeben werden. Das Unbewusste ist immer das Unbekannte. Es lässt sich nicht kontrollieren, und das macht methodisch Veranlagten Angst. Diese Hürde wurde für Lukas unüberwindlich:

Lukas arbeitet an einer archäologischen Dissertation. Er hat sämtliche Fundobjekte sorgfältig beschrieben. Außerdem hat er sie von allen Seiten fotografiert. Fotos und Beschreibungen stapeln sich, nach vier Jahren sind alle Gestelle in seinem Arbeitszimmer voll von Ordnern, Diaschachteln, Fotohaufen. Mit der Zeit verliert Lukas den Überblick. Zu sammeln gibt es nichts mehr. Er bleibt in der Auswertung stecken. Die Arbeit wird endlos, schleppt sich auf Hunderten von Seiten dahin. Nach sechs Jahren gibt er auf.

Lukas gelingt es nicht, über das Auswerten seiner Sammlung zu einer neuen ganzheitlichen Vision zu gelangen. Er lebt nicht im Vertrauen und in der Gewissheit, dass die Kräfte des Unbewussten eine wertende, ordnende und gestaltende Funktion haben. Die Fähigkeit der methodisch Veranlagten, mit disziplinierter Konsequenz zu arbeiten, ist in manchen Berufen sehr hilfreich. Dazu das folgende Beispiel:

Sebastian gilt als Sprachgenie. Aus beruflichen Gründen muss er sich in den verschiedensten Ländern aufhalten. Für ihn ist es selbstverständlich, sofort und wenn möglich schon vor seinem Aufenthalt die jeweilige Landessprache zu erlernen. Dazu braucht er im Durchschnitt zwei Monate. Wie geht er vor? Täglich arbeitet er während mindestens sieben Stunden. Er kauft sich ein ausführliches Wörterbuch, das er von A bis Z durcharbeitet. Außerdem vertieft er sich in die Zeitungen des jeweiligen Landes. Sein Wörterbuch liegt daneben, und er schaut konsequent jedes unbekannte Wort nach. Natürlich ist er nicht nur am Lesen; er prägt sich die neuen Wörter und Wendungen auch ein. Dazu erarbeitet er sich konsequent die Grammatik der neuen Sprache, ohne eine Seite im Buch auszulassen. – Kaum ist er im «neuen» Land angekommen, sucht er sich einen Gesprächspartner, um sich auch über das Ohr in die Sprache einzuarbeiten.

Sebastian hat eine Passion für Sprachen. Er kann sich in über 30 Sprachen verständigen. Allerdings: auch für ihn bedeutet das Erlernen einer neuen Sprache jedes Mal harte Knochenarbeit. Seine konsequente methodische Arbeitsweise und sein überaus zähes Durchhaltevermögen kommen ihm dabei zu Hilfe. Eine kreative Leistung ist es dann, wenn sich die gesammelten Wörter und Wendungen in eine lebendige Sprache verwandeln. Und er erlebt jedes Mal ein Hochgefühl, wenn er Querverbindungen zu andern Sprachen entdeckt. Dann vermittelt ihm die Muse Aha-Erlebnisse.

LINUS, DER IMPULSIVE

Linus ist frei schaffender Bühnenbildner, 57 Jahre alt. Gegenwärtig hat er einen Saisonvertrag an einem kleinen Stadttheater. Er ist unverheiratet, lebt mit seiner Partnerin zusammen und hat ein Kind aus einer früheren Beziehung.

Linus kommt ungezwungen auf uns zu. Er ist mittelgroß, mit einem wilden Haarschopf. Er trägt Jeans, Turnschuhe, eine Weste und ein farbiges Seidentuch.

«Wie ich arbeite, wollt ihr wissen. Interessante Frage.
Wo ich bin, läuft immer etwas! Ich bringe Leben in die Bude, die anderen hängen manchmal ja bleischwer herum.
Wie ich an eine neue Aufgabe herangehe? Mit Feuereifer stürze ich mich hinein. Wie in eine Schlacht . Also unheimlich spannend ist es für mich noch heute, nach all den Jahren, wenn's mich wieder einmal so richtig packt.
Das ist natürlich nicht immer der Fall. Wenn's mich nicht fasziniert, dann lasse ich lieber die Finger davon. Gut.

Ich sammle Material, scheinbar planlos, es kommt mir einfach entgegen. Wenn ich voll drin bin, überstürzen sich die Ideen, es tauchen die unterschiedlichsten Bilder auf. Ich muss dann aufpassen, dass ich nicht losstürme wie ein wild gewordenes Pferd.

Ja, verrannt habe ich mich natürlich schon oft. Aber so bedächtig, so Schritt um Schritt überlegt, liegt mir nicht, das bremst mich. Langweilig, langweilig mit mir selber, einfach lähmend.

Gelähmt fühle ich mich auch, wenn ich mir an einem kleinen Schreibtisch alles ausdenken muss, (wie das letztes Jahr von mir verlangt wurde). Oder noch schlimmer ist es, wenn ich ein Bühnenbild zu einem Stück machen muss, das ich einfach blöd finde. Am liebsten würde ich mir dann eine andere Arbeit suchen.Ich bin aber meistens durch den Vertrag gebunden. Die Arbeitsverträge…

Ob ich all meine Projekte habe ausführen können? Natürlich nicht.

Ich bin oft maßlos enttäuscht, wenn eine großartige Idee an einem mickrigen Budget scheitert! Und doch musst du noch etwas zustande bringen, auch wenn es in meinen Augen nur noch etwas Halbes ist. Das tut weh. Am besten, ich gehe dann auf Distanz.

Mein bestes Projekt? Oh ja, mein Hamlet in Bümpliz, daran denke ich gerne zurück. Das waren gute Zeiten. Das lief so toll, dass ich erst am Morgen merkte, dass ich die ganze Nacht durchgearbeitet hatte. Wie in einem Rausch war ich und doch hellwach. Das ist, wie wenn Du bei einer guten Frau bist.

Ob ich Anregungen und Kritik ertrage? Es kommt darauf an, woher sie kommt. Meine Freundin, oder ein guter Regisseur, die können durchaus gute Ideen haben. Oft kann ich etwas damit anfangen. Aber es gibt unbedarfte Journalisten, die nichts begreifen. Und das Publikum ist auch nicht immer gleich. So ein dumpfes, ödes Publikum kann einem ganz schön auf die Nerven gehen.»

Linus wirkt ungezwungen und entgegenkommend. Es freut ihn offensichtlich, über sich und seine Arbeitsweise zu erzählen. Seine Sprache ist expressiv und blumig. Er bringt seine Gefühle klar zum Ausdruck. Man weiß bei ihm sofort, woran man ist – wenigstens im Moment. Er bewegt sich in siedend heißen oder eiskalten Bereichen. Lauwarmes liegt ihm nicht. Schon mit dem ersten Satz setzt er sich in Szene. Er stellt sich dar als Animator und Inbegriff des Lebendigen und ist damit wie ein Ferment in einer Gruppe. Ruhige und nachdenkliche Kollegen sind in seinen Augen langweilig und bleischwer. Unterschwellig machen sie ihm Angst, denn er verwechselt Ruhe mit Stillstand. Er hat das Gefühl, an Lebendigkeit zu verlieren, sobald er sein Tempo drosselt; so als ob Ruhe Erstarrung und Tod bedeuten würden.

Wenn eine neue Arbeit an ihn herangetragen wird, entscheidet er sich klar, ob er sie übernehmen will oder nicht. Gefühl und Faszination leiten ihn bei dieser Entscheidung. Scheinbar planlos sammelt er Material. «Es kommt mir einfach entgegen», sagt er.

Er versetzt sich in einen besonderen Zustand, eine Art «Über-Wachheit». Seine Aufmerksamkeit ist dabei nicht zielgerichtet, sondern sie ist diffus, gleichsam mit einem sehr weiten Blickfeld. Er öffnet sein Herz dem Projekt und gibt ihm innerlich allen Raum. Körper und Sinne sind erfüllt davon, während er seinen alltäglichen Verrichtungen nachgeht. Das erlaubt ihm, die Welt als auf sein Projekt bezogen zu erleben. So fliegen ihm die Ideen zu.

Sammeln, inkubieren und Aha-Erlebnis sind nicht deutlich voneinander abgesetzt. Schon beim Sammeln formen sich die Ideen zu Ahnungen und Eingebungen, denen er so spontan wie möglich nachgeht. Er erwähnt kein Aha-Erlebnis. Er verschweigt es auch nicht. Es gibt bei ihm nicht dieses Aushalten der Inkubationszeit und den erlösenden Durchbruch des Aha. Unmerklich geht er vom Sammeln, den Weg bahnend, zum Arbeiten über. Und auch während des Arbeitens formen sich neue Ideen.

Bei einem Projekt, das ihn begeistert wie bei «Hamlet», ist er so versunken in die Arbeit, dass er Raum und Zeit vergisst. Er vergleicht diesen Zustand mit Rausch und Verliebtheit. Es sieht aus, als ob er keine Ermüdung kennen würde. Aus jeder Idee wächst die nächste. Jede, die ihm zufällt, erneuert seinen Schwung. Denn bei ihm bringt die neue Idee nicht nur ein Gestaltungspotential, sondern auch einen Zuwachs an Energie.

Wenn er seine dionysische Seite entfalten und seinen Energiefluss ungehindert nutzen kann, fließt die Arbeit am besten. Schwierig wird es für ihn, sobald er seinem eigenen Rhythmus nicht folgen kann. Zeitliche und räumliche Vorgaben können zu schwerwiegenden Hindernissen werden. Sie bremsen ihn nicht nur vorübergehend, sondern lähmen den ganzen Prozess.

Über das Ende der Arbeit berichtet er nichts. Aber es ist bekannt, dass auf jeden Rausch ein Kater folgt und auf jede Verschmelzung eine Trennung. Wehe, wenn er seinen Kater nicht ausschlafen kann; dann richtet sich seine ganze Verstimmung aggressiv gegen seine Umwelt. Er braucht Zeit, um zu regenerieren. Auch muss er sich aus seiner Arbeit lösen, sich zurücknehmen, um sich wieder zu finden. Später kann er konstruktive Kritik durchaus entgegennehmen.

Wesensmerkmale der impulsiv Veranlagten:
Werte: Wandel, Beweglichkeit, Lebendigkeit, Freiheit
Ängste: Erstarrung, Begrenzung, Sachzwänge, Verbindlichkeit
Arbeitsverhalten: innovativ, neugierig, spontan, begeisterungsfähig

---

Wie verhält sich nun die Muse gegenüber einem Menschen vom impulsiven Typ? Sie hat es nicht leicht mit ihm. Entweder stürmt er los und ärgert sich über alles, was ihn bremsen will; oder er ist blockiert, gelähmt, und nicht aufnahmefähig für einen Kuss. Wenn er aber losstürmt, wie soll sie dann ihren Kuss platzieren?

Ein spontaner Mensch wie Linus ist in seiner Begeisterung meist sehr subjektiv und damit unkritisch. Das heißt, er unterscheidet oft nicht zwischen einem echten Musenkuss und momentanen Eingebungen, die einer objektiven Prüfung nicht standhalten können.

Eine riskante Klippe für spontan Veranlagte liegt oft in der Inkubationszeit. Es ist wie bei einem Ei, das ausgebrütet wird: äußerlich ist keine Entwicklung feststellbar. Dieser scheinbare Stillstand zählt zu den Unwerten der impulsiv Veranlagten und löst Angst vor Erstarrung aus. Das folgende Beispiel beleuchtet diese Schwäche und zeigt eine Möglichkeit auf, damit umzugehen.

Die Journalistin Iris liebt Geselligkeit und ist in Gesellschaft gerne gesehen, ist sie doch immer unterhaltend. Sollte sie jedoch einen Artikel schreiben und sich dazu zurückziehen, gerät sie in Schwierigkeiten. Sie kann sich das einfach nicht immer abverlangen. Sie ist ungern allein, und in Gesellschaft kann sie unmöglich ein Konzept ihres Artikels finden. Oft gibt sie ihre Beiträge mit großer Verspätung ab, sehr zum Ärger ihres Arbeitgebers. Als sie realisiert, dass sie wegen ihrer Unzuverlässigkeit ihre Arbeit zu verlieren droht, kommt ihr eine Idee. Sie setzt sich in ihr Auto und fährt von Zürich nach Hamburg und auch wieder zurück. – Und hat dabei ihr Konzept gefunden.

Iris ist sehr spontan auf ihre Umwelt bezogen und fühlt sich in dieser Lebendigkeit wohl. Sie ist nicht diejenige, die gern ein Thema bebrütet. Sie fühlt sich dann wie ein Wild, das plötzlich gefangen worden ist und in Angst gerät. Deshalb ist sie auch freie Journalistin, die sich zwischen zwei Aufträgen immer wieder ihres eigenen Freiraums versichern muss. Die lange Autofahrt verhilft ihr zur notwendigen Ab- und Eingrenzung. In seiner realen äußeren Form ersetzt oder verstärkt das Auto ihr innerpsychisches Gefäß, welches die Energie zusammenhalten muss. Zudem ist sie ganz objektiv in Bewegung, was sie beruhigt.

Impulsiv Veranlagte sind beweglich und begeisterungsfähig. Die Kehrseite davon ist jedoch ihr kurzes Durchhaltevermögen und die Fähigkeit, alles, was ihrem begeisterten Vorwärtsgehen im Wege steht, zu missachten. Die folgende Begebenheit macht dies deutlich:

In einem Laientheater arbeitete Franz als Regisseur. Mit dem Funken seiner Begeisterung konnte er die ganze Truppe motivieren. Die Darsteller liebten ihn für die Kraft, die er in ihnen wecken konnte, und er war von ihnen begeistert, weil sie seine Ideen umsetzten. So gedieh die Arbeit gut. Die Premiere war ein Erfolg.

Nach der Premiere war eine Tournee angesagt, welche recht viel organisatorische Arbeit forderte. Dies interessierte Franz nicht mehr. In ihm keimte schon das nächste Projekt, für das er wieder Feuer und Flamme war. Während der Tournee ließ er sich kaum mehr blicken. Dies ärgerte die Truppe, und zudem nahm sie ihm übel, dass er die ganze organisatorische Arbeit, für die er verantwortlich gewesen wäre, auf sie abwälzte. Überdies hinterließ er ein finanzielles Loch in der Vereinskasse. Die Beziehungen trübten sich und man trennte sich.

Franz kann oder will diese Arbeit nicht bis ans Ende durchhalten. Ihn interessiert nur die Erarbeitung des Stückes. Danach hinterlässt er ungeklärte

Beziehungen und ein großes Durcheinander. Die Verifikation mit ihrem Einordnen und Bilanz Ziehen übergeht er. Sobald er sich nicht mehr als ein vom Feuer ergriffener erlebt, droht auch ihm die Angst vor Stillstand und Leblosigkeit. Er selbst scheint, vorläufig wenigstens, nicht darunter zu leiden. Seine Truppe hingegen leidet unter seiner Unzuverlässigkeit und Franz verliert ihr Vertrauen.

BETTINA, DIE EINFÜHLSAME

Bettina ist 43 Jahre alt. Ursprünglich hat sie einen gestalterischen Beruf er-
lernt. Sie hat ihn nur kurze Zeit ausgeübt, da sie bald heiratete und ihre
Zeit den drei Kindern widmen wollte. Nun hat sie die gestalterische Arbeit
wieder aufgenommen.
Im Vergleich zu ihren ArbeitskollegInnen fällt ihr auf, dass sie eine ganz
spezielle Art hat, sich im Arbeiten zu fühlen, und dass sie auch auf eine
sehr eigene Art und Weise die Arbeit anpackt. Beides hat nichts mit der
Qualität der Arbeit zu tun, viel jedoch mit der Art des Vorwärtsgehens.

*«Wie ich mich auf eine neue Arbeit einlasse? Nun ja – ich habe zwei Kat-
zen. Eine davon ist wie ich. Da fülle ich ihr Lieblingsessen in ihre Schale. Sie
tut als sähe sie es nicht. Nimmt sich Zeit, schnuppert, geht scheinbar unin-
teressiert weg, nimmt gnädig ein Häppchen, und erst dann frisst sie.
Mir geht es ähnlich: da wartet eine neue Aufgabe. Ich spüre wie sie wartet.
Das macht mich unsicher. Bin ich ihr gewachsen? In meiner Wahrnehmung
wird die Arbeit größer, komplizierter, undurchschaubarer, während ich in-*

nerlich am Schrumpfen bin. Auch ich schnuppere dann doch daran, ziehe mich zurück, gehe wieder hin. Ich höre, wie sie mich lauter und lauter ruft, ja, bis ich nicht mehr widerstehen kann.

Das Sammeln von Material und Anfangsideen fällt mir nicht schwer. Indem ich mich auf die neue Aufgabe einlasse, gerate ich oft in einen besonderen Zustand. Ich komme mir dann vor wie eine hellwache Schlafwandlerin, innerlich ganz beim Thema. Die Dinge scheinen mir zuzufallen, ohne dass ich mich darum bemühe. Ich fühle mich wohl wie selten sonst.

Hinterher kommt für mich eine Hürde. Aus dem gesammelten Material sollte, ja muss ich eine Idee herausdestillieren. Oder wenigstens eine Ahnung, was ich möchte und wie ich es gestalten will. Ich komme mir vor wie am Fuß eines Berges mit steilen Felswänden. Ängste und Zweifel treiben mich um, manchmal habe ich Schlafschwierigkeiten oder Magenweh. Während meine Kollegen an der Sonne spazieren gehen, um sich zu inspirieren, bleibe ich hilflos an meinem Tisch sitzen. Am ehesten hilft mir dann ein gutes Gespräch. Dann kann der unüberwindbare Berg, vor dem ich stehe, zu einem sanften Hügel werden.

In letzter Zeit habe ich gelernt, dass ich sozusagen um den Berg herumgehen kann, statt ihn zu besteigen. Das heißt, ich beginne einfach mit der Arbeit, ohne genau zu wissen, was ich will, und wohin mich das Projekt führt. Das ist für mich sehr entlastend.

Wie es kommt, dass sich bei mir Berge erheben, wo andere nur harmlose Hügel antreffen? Ich weiß es nicht so genau. Aber mir scheint, es hänge zusammen mit meiner Sichtweise. Oft passiert es, dass ich mich dann wie von außen wahrnehme. Dann denke ich: das kannst Du doch nicht, und verliere alles Selbstvertrauen. Dabei weiß ich im Grund, dass ich ja schon vieles zustande gebracht habe, was sich sehen lassen kann und was sogar meiner Kritik standhält. Und wie gesagt, seit ich Berge umgehe, begegne auch ich eher sanften Hügeln.

Den Beginn der Arbeit erlebe ich wie eine Erlösung. Ich tauche ab in eine bunte, unbekannte Welt. Ich vergesse alles um mich herum, verliere das Zeitgefühl und spüre weder Hunger noch Müdigkeit. Oft kann ich kaum mehr unterscheiden: wo höre ich auf, wo beginnt mein Projekt; es wird wie zu einem Teil von mir. Manchmal ist es, wie wenn das Werk mir die nächsten Schritte diktieren würde. Ich spüre, was es von mir verlangt. – Das kann lange so weitergehen, bis ich plötzlich aufwache wie aus einem schönen Traum. Ich merke, ich bin todmüde und entsetzlich hungrig, manchmal friere ich.

Oft bin ich dann im ersten Moment entsetzt zu sehen, was entstanden ist. Es kommt mit fremd vor. Und entspricht nicht den ursprünglichen Plänen. Ich weiß nicht, wie ich mich so verirren konnte. Mir kommt es vor, als hätte jemand anderes die Arbeit gemacht. Aus Erfahrung weiß ich, dass dies ein ganz gefährlicher Moment ist – für mich und vor allem für die Arbeit. In meiner Müdigkeit sehe ich nur noch schwarz und verstehe nicht, wie ich so glücklich habe arbeiten können und wie ich dabei einen derartigen Mist produziert habe.

Am besten, ich gehe dann essen und schlafen und umsorge mich möglichst gut. Meine Arbeit schaue ich erst am nächsten oder übernächsten Tag mit frischen Augen an. Ich brauche Zeit, um mich mit ihr anzufreunden, sie ist zunächst so irritierend fremd. Auch da hilft wieder ein Gespräch mit Kolleginnen und Kollegen. Sie sind wohlwollend und nicht so verwickelt wie ich. Mir fällt es schwer, meiner Arbeit gegenüber objektiv zu sein. Wenn sie doch ein Teil meiner selbst war!

Hinterher brauche ich Zeit. Zeit, um die Arbeit loszulassen, um mich wieder zu finden und um wieder offen zu werden für Neues.»

Bettina ist beziehungsorientiert. Es ist bezeichnend für sie, dass sie seinerzeit den Beruf aufgegeben hat, um ihre Kinder zu betreuen. – Nun hat sie einen Wiedereinstieg gewagt, da sie zu Hause nicht mehr so gefordert ist. In ihrer Schilderung spürt man die Schwierigkeiten, welche ein Wiedereinstieg mit sich bringt. Ihr Selbstvertrauen gerät rasch ins Wanken. Sie weist aber darauf hin, dass sie mit wachsender Erfahrung auch an Selbstvertrauen zugelegt hat.

Ihre beziehungsorientierte Haltung zeigt sich schon im Moment, wo ein Projekt an sie herangetragen wird. Sie spricht von der Arbeit, als ob sie ein Mensch wäre. Dieser «Mensch» hat anscheinend Erwartungen an sie. Sie spürt, wie «sie» wartet. Als einfühlender Mensch nimmt sie die Erwartungen anderer außergewöhnlich intensiv wahr. Die eigenen Leistungsansprüche projiziert sie nicht nur auf andere Menschen, sondern auch auf den Auftrag. Gleichzeitig überhört sie ihre eigenen Bedürfnisse. So neigt sie dazu, Aufträge zu übernehmen, ohne sich zu fragen, ob dies ihren eigenen Wünschen und Fähigkeiten entspreche. Damit gerät sie unter Druck, was sich in Angst und Unsicherheit äußert.

Wenn Bettina sich einem Thema innerlich öffnet, so versetzt sie sich in eine passiv empfangende Haltung. Sie macht sich nicht auf, um aktiv zu suchen. So fallen ihr die Ideen gewissermaßen in den Schoß.

Der Einstieg in die Inkubation ist für sie schwer. Sie muss von dem, was sie gesammelt hat, etwas Abstand nehmen, um zu wählen und zu werten und sich neu damit zu verbinden. So kann sich das Material im Unbewussten gestalten und umformen. Das verhilft ihr zu einer eigenen Sicht. Das ist der Sinn der Inkubation. Aber genau das macht ihr Angst. Weshalb? Alte Ängste melden sich, wenn es darum geht, eine eigene Sicht zu entwickeln und eine persönliche Meinung zu vertreten. Sie erlebt diese Ängste wie Berge, welche sich ihr in den Weg stellen. Die Wurzeln dieser Not liegen oft in der Kindheit. Menschen wie Bettina haben früh gelernt, sich den Wünschen und Vorstellungen ihrer Eltern anzupassen. Aus Angst vor Ablehnung wagen sie nicht, eigene Bedürfnisse anzumelden oder gar durchzusetzen. In dieser Angst wird Bettina wie ein Kind und sieht mit den Augen des Kindes: Hügel werden zu Bergen.

Diese Angst ist unfassbar und irrational. Sie setzt sich im Körper fest und führt bei ihr zu Schlafschwierigkeiten oder Magenweh. Die Angst lähmt sie und blockiert ihre Energie. Deshalb sitzt sie verzweifelt am Tisch und es fällt ihr schwer, Abstand zu nehmen. Sie kann sich nicht wie ihre Kolleginnen bei einem Spaziergang entspannen. Aber in dieser Situation hilft ihr ein Gespräch. – Mit wachsender Erfahrung gelingt es ihr immer besser, ihr «inneres Kind» zu beschwichtigen und, bildlich gesprochen, bei der Hand zu nehmen. Die überhöhten Erwartungen an sich selber, welche sie als Berge beschreibt, verwandeln sich dann in sanfte Hügel. Sie muss dann auch nicht mehr krampfhaft auf ein großes Aha-Erlebnis warten, sondern kann darauf vertrauen, dass die Muse im Lauf der Arbeit immer wieder erscheint.

Bettina kann dann eintauchen in ihre Arbeit wie in eine andere Welt. Sie befindet sich dabei in einem Zustand voll selbstvergessener Hingabe, der sie glücklich macht. Was löst dieses Glücksgefühl aus? Es ist das Erleben von Ganzheit, von Einheit. Ein Zustand von labilem Gleichgewicht, in dem sehr viel Energie fließt.

Wie kommt es, dass sie ihr Werk wie ein lebendiges Wesen erlebt? Als beziehungsorientierte Frau ist sie sehr durchlässig gegen außen und auch nach innen. Sie kann einen Bezug herstellen zu unbewussten Schichten ihres Wesens und sich angstfrei in dieser traumähnlichen Welt bewegen. Sie lagert einen Teil ihrer irrationalen Seite aus und legt ihn ins Werk, als ob sie das Werk damit lebendig machen könnte. Die Arbeit wird zu ihrem Partner, und sie kann mit ihm in einen Dialog treten. Deshalb kommt sie zu der seltsamen Aussage: «Das Werk verlangt von mir, dass ich…» Durch diese Arbeitsweise betritt sie ungewollt Neuland. Sie entfernt sich, ohne es zu merken, von der Anfangsidee. Je nach Blickwinkel wirkt dies als Inkonsequenz oder als Bereicherung. Bereicherung ist es in dem Sinn, dass die Arbeit umfassender geworden ist, als sie anfangs bewusst geplant war.

Die Arbeit geht zu Ende. Im Moment, wo andere sich über das Geleistete freuen, beginnen bei Bettina neue Nöte. Es ist, als ob sie aus einem schönen Traum erwachen würde. Sie ist ernüchtert und fühlt sich elend. Woher kommt dieser plötzliche Stimmungsumschwung?

Mehrere Verbindungen, von denen sie sich getragen gefühlt hat, brechen gleichzeitig ab: So vermisst sie den Flow-Zustand, in dem ihre Energie floss. Zudem sieht sie ihr Werk, nachdem sie aufgewacht ist, mit neuen Augen und erlebt es als etwas Fremdes und Totes. Sie erlebt diesen Moment wie den Verlust einer Beziehung. Der Partner ist weg. Durch ihr Aufwachen wird sie auf sich selbst zurück geworfen. Sie kommt sich vor wie amputiert. Kein Wunder, dass sie sich leer und erschöpft fühlt.

Da sie im Moment dem Werk fremd gegenübersteht, erkennt sie vorübergehend seinen Wert nicht mehr und ist zutiefst enttäuscht. Sie erlebt sich als Versagerin. Mit ihrer verzerrten Sichtweise entwertet sie sich selbst und ihr Werk. Dies ist ein gefährlicher Moment. Bettina weiß es genau. Sie läuft Gefahr, in einer Anwandlung von Wut und Verzweiflung ihr Werk zu zerstören.

Bettina merkt, dass sie Erholung braucht und Distanz nehmen muss. Zunächst geht es darum, all die unangenehmen Gefühle auszuhalten, ohne davonzulaufen. Sie weiß, dass ihre seelischen und körperlichen Kräfte zurückkommen werden. Sie kann das Vertrauen und die notwendige Geduld dafür aufbringen.

Wenn dann Freunde und Kolleginnen ihre Arbeiten betrachten und würdigen, findet sie auch selbst wieder einen positiven Zugang dazu. Sie kann Lob und Kritik annehmen. Dies hilft ihr, das eigene Werk neu kennen zu lernen. In dem Moment, wo sie ihre Arbeit anerkennt, wird sie auch bereit sein, sie allmählich abzuschließen. Sie braucht einen klaren Arbeitsabschluss, um innerlich wirklich frei zu werden für einen Neubeginn.

Zusammenfassend lässt sich sagen, dass die Stärke bei Menschen vom einfühlsamen Typ in der Beziehungsfähigkeit liegt. Dies gilt sowohl für die Beziehung zu Mitmenschen als auch für den Bezug zur Arbeit. Die Schwierigkeiten treten dann auf, wenn die Fähigkeit gefragt ist, Isolation zu ertragen, das Eigenständige zu entwickeln und Abstand zu nehmen.

Und die Muse? Bettina lässt ihr mehr Raum als Marlies und mehr Zeit, als Linus ihr zugesteht. Solange Bettina zaudert, hält sich die Muse zurück. Wenn sie aber selbstvergessen in ihrer Arbeit aufgeht, so wird sie beschenkt mit hingehauchten baisers und wunderbaren Küssen.

Wesensmerkmale der einfühlsam Veranlagten:
Werte: Hingabe, Verbundenheit, Gemeinsamkeit, Harmonie
Ängste: Isolation, Eigenständigkeit, Exhibitionsängste
Arbeitsverhalten: selbstvergessen, teamfähig, gefühlsbezogen

Wir haben gehört: Bettina gibt sich mit Leib und Seele in ihre Arbeit. Hinterher kann sie aber auch immer wieder Abstand nehmen und sich erholen. Dies gelingt nicht allen Menschen vom einfühlsamen Typ. Dazu folgendes Beispiel:

Roger arbeitet als Werbetexter. Eines Abends erscheint er bleich und entkräftet zu einem Treffen mit alten Freunden. Diese erschrecken bei seinem Anblick. Nach dem ersten Glas Wein beginnt er zu erzählen: «Ich bin in einen Teufelskreis geraten. Seit Wochen schlafe ich kaum mehr, und das Essen widersteht mir. Ich bin unfähig, meine Arbeit zu machen, zu nichts wert…» Allmählich erfahren die Freunde mehr: Roger hat einen großen Auftrag erhalten. Er weiß aus Erfahrung, dass ihm nachts die besten Ideen kommen, und wenn er sie nicht sofort notiert, hat er sie am nächsten Morgen vergessen. Deshalb legt er einen Notizblock neben sein Bett. – Nun ist er in einen Sog geraten: Die Gedanken drehen sich im Kreis. Er ist völlig überreizt und erschöpft.

Soweit so gut. Auch andere legen Notizpapier bereit für den Fall, dass die Muse sich nachts meldet – und mit Erfolg. Roger als einfühlsamer Mensch ist seiner Begabung sozusagen auf den Leim gegangen. Er hat seine Aufmerksamkeit auf die Arbeit bis in den Schlaf hinein verlängert. Sein Schlafverhalten hat sich verändert bis hin zur Schlaflosigkeit. Der Schlaf hat die Funktion des erholenden Gegengewichtes zur Arbeit verloren. Roger ist in einen Zustand völliger Überreizung geraten. Er hat sich auffressen lassen von seinem Projekt. Damit ist er blockiert, und seine Kreativität ist gelähmt.

Es ist klar: ein solch überreizter Zustand kann sich auch bei Menschen einstellen, die nicht vorwiegend beziehungsorientiert veranlagt sind. Was macht den Unterschied aus? Roger ist von einem inneren Feuer erfasst, welches Tag und Nacht glimmt und schwelt und mit der Zeit alle Energie absaugt. Er ist eins geworden mit seiner Arbeit und in diesem Zustand unfähig, Abstand zu nehmen. Sachbezogene Menschen wie Marlies und Kim erleben die Arbeit weniger als Teil ihrer selbst, d.h. sie bleibt ein Gegenüber. Aber sie können sich durchaus in ein Projekt verbeißen und schließlich ebenso in einen ausgelaugten Zustand geraten, wie dies Roger widerfahren ist.

Eine weitere Hürde für empathisch Veranlagte liegt in der Verifikation nach vollendeter Arbeit. Angeregt durch eine Vorlesung hat eine Gruppe von Pädagogikstudenten und Studentinnen eine Feldforschung durchgeführt. Die Gruppe beobachtete während zwei Jahren das Spielverhalten von Kindern in den Straßen eines Vorstadtquartiers. Es ergaben sich interessante Resultate. Ein Kollege durfte die Protokolle lesen. Er äußerte sich kritisch. Seine Feststellungen verunsicherten eine Studentin so sehr, dass sie den Sinn des ganzen Projektes in Frage stellte. Ihre Krise steckte alle an und die Arbeit wurde nie veröffentlicht.

Was ist geschehen? All die Strapazen der Feldforschung, der Dokumentation und der Auswertung und auch die fehlende Entlohnung hatten die

Studierenden bestens überstanden. Sie hatten Freude an der Arbeit selbst und auch am Austausch, den sie in dieser Zeit miteinander hatten. Das bedeutete ihnen viel, denn sie hatten eine Zeit intensiver Gemeinschaft erlebt, was in ihrem Wertsystem hohe Priorität hat. Die Probleme begannen bei der Frage nach einer eventuellen Veröffentlichung.

Die Kritik des Kollegen hat zunächst eine der Studentinnen entmutigt. Warum löste dies einen Dominoeffekt in der ganzen Gruppe aus? In diesem Moment zeigte sich eine typische Haltung empathischer Menschen. Durch die Zusammenarbeit in der Gruppe wurde diese Eigenschaft zudem verstärkt. Empathisch veranlagte Menschen arbeiten lieber, als dass sie die Arbeit zeigen. Es fällt ihnen schwer, in einer Diskussion ihr Projekt zu vertreten und dabei standhaft und eigenständig zu bleiben. Dort liegen ihre Ängste.

TYPOLOGISCH GEFÄRBTES VERHALTEN IM VERGLEICH

	EIGENSTÄNDIG VERANLAGTE	STRUKTURIERT VERANLAGTE	SPONTAN VERANLAGTE	EINFÜHLSAM VERANLAGTE
VORBEREITUNG	sammelt sachlich, eigenständig, intuitiv, findet synchronistisch	liebt ausgiebiges sammeln, riskiert immer weiter zu sammeln	Sammelt intuitiv und findet synchronistisch	nimmt sich wenig Raum, um ausreichend zu sammeln
INKUBATION	kann die innere Spannung gut aushalten	Angst vor dem Loslassen, möchte die Inkubation vermeiden	Ungeduldig, hat Mühe sich und die Situation zu ertragen, riskiert abzuspringen	leidet, zieht sich ungern zurück, Angst vor Einsamkeit
ERKENNTNIS	fasziniert von der Idee	riskiert eine willentliche Entscheidung an Stelle der Erkenntnis zu setzen	riskiert, sich mit einer Ahnung zu begnügen	Angst vor der Idee und ihren Folgen
ZEIT DER ARBEIT	Treue zur Idee, eigenständige Ausführung, spricht sich wenig ab, empfindet Anregungen als Einmischung	technische Perfektion, Ausdauer, Treue zur Idee, kann schlecht aufhören	lässt sich treiben von Idee zu Idee, kann andere begeistern	Hingabe an die Arbeit, riskiert sich zu überarbeiten, arbeitet gerne im Team
VERIFIKATION	Überprüft am liebsten selbst, kein Bedürfnis nach Anregung und Kritik	Schenkt den Fehlern zu viel Beachtung	Keine Geduld für Überprüfung, möchte sich Neuem zuwenden, Anregung und Kritik sind willkommen	Erschöpfung, Selbstzweifel, hört auf die Meinung anderer, kann sich schlecht vertreten
ERHOLUNG	Sehnsucht nach radikaler Entgrenzung	Angst vor der Leere, riskiert, sich in die nächste Arbeit zu stürzen	unruhig, verstimmt, aggressiv	depressiv verstimmt, erholt sich gerne in Gesellschaft

ÄNGSTE UND ENTWICKLUNGSPOTENZIAL

In unten stehender Tabelle setzen wir die Werte, die Ängste und das Arbeitsverhalten der vier Typen zueinander in Beziehung. Wir greifen die spezifischen Grundängste auf, wie Fritz Riemann sie beschrieben und den einzelnen Typen zugeordnet hat.

Eigenständig Veranlagte	**Spontan** Veranlagte
Werte: Unabhängigkeit, Originalität, Individualismus	**Werte:** Wandel, Erneuerung, Lebendigkeit, Freiheit
Ängste: Nähe, Abhängigkeit, Einengung durch Normen	**Ängste:** Erstarrung, Begrenzung, Sachzwänge, Verbindlichkeit
Arbeitsverhalten: sachlich, zielstrebig, konzentrationsfähig, unkonventionell	**Arbeitsverhalten:** innovativ, neugierig, spontan, begeisterungsfähig
Methodisch Veranlagte	**Einfühlsam** Veranlagte
Werte: Stabilität, Kontinuität, Sicherheit, Ordnung,	**Werte:** Hingabe, Verbundenheit, Gemeinsamkeit, Harmonie
Ängste: Chaos, Ungewissheit, Veränderung	**Ängste:** Isolation, Eigenständigkeit, Exhibitionsängste
Arbeitsverhalten: sachbezogen, konstant, systematisch, zuverlässig, geduldig, vorsichtig	**Arbeitsverhalten:** selbstvergessen, teamfähig, gefühlsbezogen

Es fällt auf, dass zwischen den vier Typen eine diagonale Beziehung besteht. Die Werte, welche einen spontanen Menschen wie Linus auszeichnen, entsprechen den Ängsten eines strukturierten Menschen vor Chaos und Ungewissheit. Die Werte, welche einen methodisch veranlagten Menschen wie Marlies auszeichnen, entsprechen den Ängsten eines spontanen Menschen vor Erstarrung und Begrenzung. Die Werte von einfühlsamen Menschen wie Bettina entsprechen den Ängsten eines sachbezogenen Typs vor Abhängigkeit und Einengung. Und schließlich entsprechen die Werte eines eigenständigen Menschen wie Kim den Ängsten eines einfühlsam veranlagten Menschen vor Verlassenheit.

Es ist bekannt, das sich die Charakterstruktur eines Menschen aus einem Zusammenspiel von Anlage und Umwelteinflüssen entwickelt. Wie ein Fluss, welcher sich seinen Weg sucht, Hindernisse bewältigt und freie Räume nutzt, entwickelt sich das Kind. Hindernisse sind beispielsweise ein mangelndes Echo, schwierige Verhältnisse, gesundheitliche und soziale Schwierigkeiten. Sie lösen beim kleinen Kind Ängste aus. Indem das Kind diesen Ängsten begegnet und sie zu bewältigen sucht, entwickelt sich die Charakterstruktur. So bildet sich die spezifische Typologie mit ihren besondern Werten und Ängsten aus.

Das Kind entwickelt seine Begabungen vor allem dort, wo es Anerkennung findet und erfolgreich ist. So gesehen ist die typologische Einseitigkeit für das Kind vorerst als spezielle Begabung von Vorteil. Die Nachteile zeigen sich erst später. Sie kommen zum Ausdruck im Moment, wo Kim sich vereinnahmt, oder wo Bettina sich verlassen fühlt; wo Linus sich festlegen sollte und wo Marlies in eine unvorhersehbare Situation gerät. Diese frühen Ängste bleiben tief im Wesen verankert. Meistens sind sie jedoch nicht spürbar und äußern sich indirekt. Sie verbergen sich hinter Gefühlen von Verachtung, Ablehnung oder Ärger.

Der spontane Linus stellt zum Beispiel fest: «Diese pingelige, langweilige Marlies … es braucht doch nicht auf jedem i ein Tüpfelchen!» Umgekehrt urteilt Marlies: «Dieser sprunghafte, unzuverlässige Linus … mit dem treffe ich keine Abmachungen mehr!»

Kim regt sich auf: «Bettina tut wirklich kompliziert. Dieses ständige Rücksicht nehmen auf alle und alles – das nervt!»

Und schließlich denkt Bettina schaudernd: «Der unbezogene Kim, der geht ja über Leichen!»

Psychologisch gesehen handelt es sich hier um Projektionen. Gegen außen lehnen wir ab, was wir als unerwünschten Anteil unserer eigenen Persönlichkeit unterdrücken. Überdeutlich sehen wir diese unterdrückten Eigenschaften im diametral entgegengesetzten Typ. Oft werden auf diese Weise Feindbilder aufgebaut.

Dem Kind haben die bedrohlichen Ängste dazu verholfen, Überlebensstrategien und damit seine Charakterstruktur zu entwickeln. Im Lauf des Lebens verlieren diese Ängste ihren Sinn. Sie verhindern das Ausschöpfen aller Möglichkeiten. Genau dort, wo Angst und Ablehnung sich bemerkbar machen, liegt verdeckt das unentwickelte Potenzial.

Wenn zum Beispiel Linus es wagt, kurz innezuhalten, um sich Rechenschaft über das Resultat seiner Arbeit zu geben, kann er nur profitieren. Wenn Kim einen gut gemeinten Ratschlag nicht als Einmischung zurückweist, könnte er sich auch beschenkt fühlen. Wenn Bettina merkt, dass vorübergehendes Alleinsein nicht endgültige Verlassenheit bedeutet, dann könnte sie diese Momente nutzen. Und wenn Marlies ein Fehler beim Färben unterläuft, und sie nach dem ersten Schrecken merkt, dass das Ungewollte auch seinen Reiz hat, könnte sie sich darüber freuen.

So gesehen ist die Angst ein direkter Wegweiser zu sinnvollen neuen Verhaltensweisen.

BEGLEITEN VON SCHÜLERN UND STUDIERENDEN

In der Einführung haben wir als Beispiel eine Primarlehrerin mit ihrer Schulklasse erwähnt. Geprägt durch die ihrem Typ entsprechende Begabung lösen die Kinder eine gestellte Aufgabe auf ihre persönliche und besondere Art. Das Wissen um die verschiedenen typologischen Färbungen verhilft Pädagogen zu einer differenzierten Haltung im Fördern und Begleiten ihrer Schüler oder Studenten. Die folgende Tabelle fasst zusammen, wie diese im Entwickeln eines Projektes unterstützt werden können.

	EIGENSTÄNDIG VERANLAGTE	STRUKTURIERT VERANLAGTE	SPONTAN VERANLAGTE	EINFÜHLSAM VERANLAGTE
VORBEREITUNG	Arbeiten lassen; respektvolle Gesprächsversuche trotz eventueller Abweisung	Nicht unbegrenzt weiter sammeln lassen; zum «Ruhenlassen» und «Überschlafen» ermutigen	Vertrauen; wenn nötig bremsen, eventuell die Suche eingrenzen	Auffordern zu einem erweiterten Sammeln in größeren Räumen
INKUBATION	Vertrauen, sie schaffen es schon	Stützen mit klaren Spielregeln; ordnende Strukturen als Schutz gegen die Angst anbieten	Intensiv unterstützen, damit die Unlust ausgehalten wird; nicht entwischen lassen	Wohlwollend unterstützen; somatische Beschwerden in Bezug zum Arbeitsprozess setzen
ERKENNTNIS	Darauf achten, dass sie nicht abheben; sie ermuntern, die Idee umzusetzen	Ist es ein Entschluss, oder eine Erkenntnis? Allenfalls nochmals inkubieren	Nachfragen, ob es eine Ahnung oder ein Aha-Erlebnis ist; beides ist möglich	Ermutigen, die Idee umzusetzen, ohne Angst vor einem Erfolg oder einem Misserfolg
ZEIT DER ARBEIT	Von der Anfangsidee entlasten und auf zusätzliche Entwicklungsmöglichkeiten hinweisen	Entspannen, alles Irrationale fördern; Leistungsdruck abbauen; nicht zu Tode korrigieren lassen	Bei einem Übermaß an spontanen Impulsen an die Anfangsidee erinnern; sich von ihrem «Feuer» nicht überfahren lassen	Begleiten ohne den Flow-Zustand zu stören; darauf achten, dass beim «Aufwachen» die Arbeit nicht blitzschnell zerstört wird
VERIFIKATION	Herausfordern zum Gespräch; Achtung, nicht entwischen lassen!	Ihren strengen Wertungen entschieden andere, wohlwollende Wertungen entgegensetzen; auf Qualitätsunterschiede innerhalb der Arbeit hinweisen	Herausfordern zur Überprüfung; nicht entwischen lassen	Selbstentwertung kompensieren und der Erschöpfung zuschreiben; zu objektivem Werten verhelfen
ERHOLUNG	Vorsicht wegen sebstgefährdender Entgrenzungsaktionen	Erholung verordnen als wichtige Maßnahme im als Sinne des kreativen Prozesses	Sich und andere vor Aggressionen schützen; diese in Zusammenhang mit dem Arbeitsprozess stellen	Vorschläge für Erholung ohne Einsamkeit

Die vorgeschlagenen Interventionen sollen nicht als feste Maßnahmen eingesetzt werden. Es sind Anregungen, wie man mit phasenspezifischen Situationen umgehen kann. Dies ist erst nach dem Aufbau einer vertrauensvollen Beziehung möglich.

Wer selbst einen kreativen Prozess durchläuft oder ein Projekt bearbeitet, kann dieses Modell für ein inneres Zwiegespräch nutzen, um sich die Arbeit zu erleichtern. Die Tabelle kann auch für Gespräche im Team genutzt werden.

ZUSAMMEN WANDERN – EIN EXPERIMENT

Wie schon erwähnt: eine bestimmte Charakterstruktur mit ihren typologischen Besonderheiten wirkt sich nicht nur auf die Art und Weise aus, wie ein gestalterischer Prozess durchlaufen wird. Im ganz gewöhnlichen Alltag, in jeder Lebenssituation kommt sie zum Ausdruck. Sie beeinflusst sehr stark das zwischenmenschliche Verhalten.

Spannend wird es, wenn vier so ausgeprägte Typen wie der spontane Linus und die einfühlsame Bettina, die Ordnung liebende Marlies und der eigenständige Kim zueinander in Beziehung treten. Nehmen wir an, die vier sind Arbeitskollegen. Wir lassen sie an einem arbeitsfreien Tag zusammen eine Unternehmung planen und durchführen. Was für eine Dynamik kann sich entwickeln? Vier Szenen dieser Unternehmung stellen wir vor.

1. SZENE

Alle vier sitzen zusammen.

Bettina sondiert: «Wie wär's, wenn wir morgen zusammen eine Bergwanderung machen würden? Ich habe gelesen, es soll ein sonniger Tag werden.»

Linus: «Toll, ich bin dabei!»

Kim, zögernd: «Mit Euch drei?»

Bettina, aufmunternd: «Komm doch mit. Mir fehlst Du, wenn Du nicht mitmachst.»

Marlies: «Wann wollen wir aufbrechen?»

Linus: «Früh natürlich! Fährt nicht ein Zug kurz nach 6.30 Uhr?»

Bettina: «Ich wäre froh, wir könnten etwas später wegfahren. Ich muss noch meine Katzen füttern.»

Kim studiert eine Wanderkarte, beteiligt sich nicht am Gespräch.

Marlies: «Wir sollten ein Picknick einpacken.»

Linus: «Ach was, ich nehme einen Apfel und ein Stück Schokolade in die Tasche. Unterwegs können wir bestimmt einen Kaffee trinken!»

Bettina zu Kim: «Was meinst du?»

Kim, über die Karte gebeugt: «Ist mir doch egal. Macht, was Ihr wollt.»

Marlies: «Ein Sandwich mache ich mir sicher. Und etwas zu Trinken pack ich auch ein. Man weiß ja nie…»

Bettina: «Ich bringe für alle eine süße Überraschung.»

Kim: «Jetzt hab ich's! Schaut, hier ist eine schöne Route, und abwechslungsreich ist sie auch. Mit dem Zug ist der Ausgangsort gut erreichbar.»

Linus: «Toll, Kim, ich freue mich!»

Marlies: «Wie viel Zeit brauchen wir für den Aufstieg?»

2. SZENE

Unterwegs, nach zwei Stunden. Kim ist mit seiner Karte voraus gegangen. Die andern sehen ihn nicht mehr.

Linus schimpft: «Wo ist denn da ein Gasthaus? Ich brauche etwas zwischen die Zähne und einen Kaffee!»

Die drei kommen zu einer Weggabelung. Weit und breit ist kein Kim zu sehen. Ein Wanderweg führt direkt zum Gipfel. Auf dem zweiten Schild ist eine Route angegeben, die etwas länger dauert. Daneben ein Pfeil: «Zum Berggasthaus Alpenblick».

Linus: «Da hat's ja einen Pfeil zum Restaurant Alpenblick! Ich habe Hunger und Durst!»

Bettina: «Kim ist sicher den direkten Weg zum Gipfel gegangen. Komm mit, Linus!»

Linus, braust auf: «Der Kim, der soll mich mal! Ich habe schon gesagt, ich habe Hunger!»

Bettina: «Komm doch weiter! Wir könnten einander endgültig verpassen.»

Marlies, ängstlich und wütend: «Ich will mich nicht verirren! Der blöde Kim… – ich hätte selbst auch eine Karte mitnehmen sollen.»

Linus beharrt: «Ich brauche einfach etwas zu essen, gerade jetzt!»

Bettina öffnet ihren Rucksack: «Ich habe Euch ja eine süße Überraschung versprochen…»

Linus: «Was, ein Kuchen? Ich könnte Dich umarmen!»

Bettina schneidet ihm ein Stück ab. «Wie ist's mit dir, Marlies? Brauchst du schon jetzt ein Stück?»

Marlies, tapfer: «Ich kann warten, bis wir oben sind.»

Linus: «Himmlisch schmeckt der Kuchen. Er schmeckt nach mehr…»

Marlies: «Deinen Anteil hast Du ja jetzt verschlungen!»

Linus bettelt: «Nur noch ein Stücklein!»

Bettina gibt nach, schneidet noch ein Stück ab.

Linus, kauend: «Oh, das macht aber Durst.»

Marlies, ärgerlich: «Das habe ich kommen sehen.»

Linus: «Nur ein Schlücklein, dann komme ich mit Euch wie ein Lamm!»

Marlies: «Dich als Lamm, das möchte ich sehen.» Bietet ihm ihre Thermos-
flasche an.

Linus nimmt einen herzhaften Schluck: «Danke Euch beiden vielmals. Ihr
habt mich gerettet!»

3.SZENE

Noch 20 Minuten bis zum Gipfel.

Bettina hinkt, geht hinter den andern her.

Marlies wartet: «Was ist los?»

Bettina, kläglich: «Ach, der Schuh drückt mich.»

Marlies: «Hier kannst Du doch nicht bleiben!»

Linus, kommt zurück: «Komm weiter. Das schaffen wir schon. Ich erzähle
Dir eine Geschichte.»

Zu dritt gehen sie weiter.

4.SZENE

Die drei erreichen den Gipfel. Da ist Kim. Er ist eifrig am Fotografieren und
nimmt kaum Notiz von den Ankommenden.

Marlies, vorwurfsvoll: «Was fällt Dir ein? Allein mit der Karte vorauszulau-
fen? Wir wussten nicht, welchen Weg du eingeschlagen hast. Rücksicht ist
für Dich wohl ein Fremdwort!»

Kim, erstaunt: «Aber Ihr seid ja da! Schaut, die herrliche Aussicht. Wir ha-
ben Glück heute!»

Linus: «Du hast Recht. Das ist ja umwerfend!»

Kim, nach kurzer Pause: «So, jetzt bin ich aber gespannt auf die süße Über-
raschung!»

Bettina, betreten: «Leider ist es nur noch der halbe Kuchen.»

Kim, erstaunt: «Was soll das, wo ist der Rest?»

Linus: «Bettina hat mir die Hälfte geschenkt. Ich hatte Hunger.»

Marlies: «Bettina musste den Kuchen Linus abtreten. Sonst wäre er ins Gasthaus Alpenblick gegangen. Dort würde er jetzt noch sitzen.»
Kim zu Linus, wütend: «Was fällt dir ein? Den wollten wir teilen!»
Linus, gekränkt: «Was sprichst du von teilen. Du bist uns ja davon gelaufen.»
Kim: «Das hat nichts miteinander zu tun!»
Bettina, beschwichtigend: «So hört doch bitte auf zu streiten; ich bin so froh, dass wir einander wieder gefunden haben.»
Marlies, sachlich: «Also, ich verteile jetzt den Kuchen. Jedes erhält immerhin noch ein Achtel.»

Diese Dynamik, wie wir sie hier kennengelernt haben, kann sich in jeder Lebenssituation entwickeln. In Familien, Vereinen, in jeder Arbeitsgruppe prägt sie die Gruppendynamik. Die Interaktion zwischen unterschiedlichen Typen kann anregend und fruchtbar sein; aber auch zu lähmenden Pattsituationen führen. Unter Druck kann plötzlich die Schattenseite hervorbrechen: Kim wird rücksichtslos und Linus braust auf. Marlies schaltet auf stur und Bettina gibt sich selbst auf.

Stellen wir uns nun vor, dass die vier Wanderer nicht vier Individuen sind, sondern dass sie alle seelischen Anteile einer einzigen Person verkörpern. Mehr oder weniger ausgeprägt tragen wir Strebungen von allen vier Typen in uns. Bettina und Marlies, Kim und Linus symbolisieren also auch eigene innere Stimmen. Im Allgemeinen ist der Chor unserer inneren Stimmen unausgewogen. Marlies zum Beispiel kann sich leise und schüchtern melden, wird aber vom spontanen und chaotischen Linus sofort übertönt. Oder Bettina unterdrückt den kühnen, unkonventionellen Kim. Eine oder zwei der Stimmen sind meistens schwach und werden überhört.

Oft sind es aber die kaum wahrgenommenen Strebungen und Regungen, welche sich im Lauf des Lebens immer deutlicher melden, weil sie zu ihrem Recht kommen wollen. Gerade sie können Träger und Garanten für kreative Schritte in neue Lebensbereiche werden.

DAS QUARTETT UND DIE SOLISTEN

Unsere vier Prototypen Kim, Marlies, Linus und Bettina sind in ihren Wesensmerkmalen sehr einseitig ausgeprägt. Wir haben sie absichtlich in dieser radikalen Form geschildert. Meistens sind im erwachsenen Alter mehrere typologische Eigenschaften entwickelt. Das heißt nun aber nicht, dass sie alle vier wie in einem Quartett zusammen ertönen, aber auch nicht, dass sie dauernd im Konflikt miteinander sind. Je nach Erfordernis der Situation übernimmt die eine oder andere Stimme die Führung, wie in einem Chorkonzert mit Solopartien. So berichtet Franco, er ist Bildhauer:

«Wenn ein neues Projekt in mir Gestalt annehmen will, so unternehme ich gerne Spaziergänge oder größere Wanderungen. Eigentlich denke ich nichts konkret Fassbares. Gedanken kommen und gehen. Ich nehme die Vogelstimmen wahr und sehe die Natur, die mich umgibt. Irgendwann entdecke ich ein Konzept in mir. Es stellt sich mir nicht in erster Linie visuell dar; ich erlebe es eher in meinem Körper.»

(In dieser Phase scheint vor allem Kim die Führung zu übernehmen. Wahrscheinlich spielt auch Bettina mit.)

«Dann stellt sich mir die Frage, wie ich das Konzept umsetzen will. Welches Material eignet sich? Oft suche ich dann einen Steinbruch auf.»

(Hier kommen Marlies-Qualitäten zum Zug.)

«Für die eigentliche Arbeit brauche ich Nähe und Distanz. Da ist einerseits die Idee, und vor mir liegt der Stein. Ich gehe sozusagen hinein in den Stein, nehme wieder Abstand, schlüpfe wieder hinein und komme heraus. Kann sich die Idee im Stein umsetzen, oder sträubt er sich?»

(Kim und Marlies wechseln mit Bettina.)

«Wann ist mein Objekt fertig? Eine heikle Frage. Wie viel muss oder will ich ausdrücken, wie viel Raum braucht das Ungesagte? Da schwanke ich zwischen einem Drang zur perfekten Ausgestaltung und der Treue zur inneren Idee.»

(Kim und Marlies im Widerstreit.)

Es fällt auf, dass der spontane Linus bei Franco nicht spürbar zum Ausdruck kommt. Er spielt offenbar eine untergeordnete Rolle. Die typologische Ausprägung spielt sicher bereits bei der Berufswahl eine Rolle: Ein impulsiver Typ wird kaum als Steinhauer arbeiten wollen. Er würde vor Ungeduld platzen.

Hier wird sichtbar, wie innerlich zwischen den unterschiedlichen Haltungen der vier Typen ausgleichend hin und her gependelt wird.

An dieser Stelle kommen wir nochmals auf den Komponisten Johannes Brahms zurück. Sein Freund Max Kalbeck hat ja seine Art zu leben und zu arbeiten außerordentlich sorgfältig und lebensnah dokumentiert[108]. Es liegt uns ferne, Brahms nun in typologische Schubladen zu versenken. Aber einige Anhaltspunkte liefern uns Kalbecks Schilderungen.

In einer ersten von uns erwähnten Szene beschreibt er eine Begegnung mit Brahms, wo dieser wie ein Besessener aus dem Wald kommend an ihm vorbei nach Hause rast, um seine Inspirationen zu Papier zu bringen. Es ist anzunehmen, dass der Kuss der Muse vorwiegend seinem eigenständigen Kim-Anteil gilt. Aber das ungestüme Temperament weist ebenso auf den impulsiven Linus hin.

In einer späteren Sequenz hört Max Kalbeck, wie es aus dem Arbeitsraum von Brahms winselt und heult. Brahms komponiert und korrigiert am Klavier, und hier kommen gefühlsbetonte Qualitäten zum Zug, welche Linus und Bettina zugeordnet werden können.

In der Phase des Überprüfens treffen wir auf einen zögernden, selbstunsicheren Komponisten, der sein Werk mit einem Begleitschreiben seiner Freundin Clara Schumann übersendet. Sein Brief trägt Züge der einfühlsamen Bettina.

Hier fügen wir ein weiteres Zitat an. Dass Brahms beim Komponieren mit streng ordnenden, methodischen Qualitäten an die Arbeit ging, zeigt die folgende Schilderung:

….«Strengste Einheitlichkeit mit der freiesten Mannigfaltigkeit zu verbinden und im kleinsten Raume die größte Kraft zu entfalten, machte sich Brahms wie Bach zum unverbrüchlichen Gesetz…Es versteht sich von selbst, dass er sich nicht die geringste Freiheit erlaubt, welche gegen die Form verstieße. Keinen Finger breit weicht er von dem Periodenbau und der Taktzahl des Themas ab. Und doch erscheint er dabei durch nichts so wenig behindert und eingeengt wie durch eben diese Form. Von acht zu acht Takten schreitet er vorwärts mit messendem Blick, immer das Thema im Herzen und immer ein anderes Ziel vor Augen. Mit jedem Schritt beschwingt sich sein Gang, und mit jedem Blick enthüllt ihm die erwählte Melodie neue, ungeahnte Vorzüge und Schönheiten… Brahms geht durch das Mittel formaler Gestaltung in die Tiefe der musikalischen Charakteristik…»[109]

Brahms gibt sich beim Komponieren also einen klar strukturierten Rahmen. Dieser bildet die Form, in welche sich die ganze Fülle seiner Inspirationen ergießen kann. Auch in der disziplinierten Gestaltung seines Tagesablaufs zeigt sich die methodische Seite von Brahms: Er war ein Frühaufsteher. Schon um fünf Uhr saß er am Schreibtisch, den er bis gegen zehn Uhr nicht mehr verließ.

Bei Brahms sind die Züge aller vier Typen erkennbar. Das erleichtert und bereichert sein kreatives Schaffen. Je nach Arbeitsphase kann er auf die einen oder anderen Charaktereigenschaften zurückgreifen. Und dadurch, dass er über gegensätzliche Eigenschaften verfügt, kann er sich immer wieder «auf die Äste» hinauswagen, da er sich ja immer wieder aufzufangen weiß.

Diese typologische «Rundheit» ist oft eine Frucht der zweiten Lebenshälfte, in der die Einseitigkeit, die zu Beginn des Lebens aufgebaut wurde, wieder ausbalanciert wird. Bei Brahms ist sie zudem verbunden mit einer ganz außergewöhnlichen Begabung.

SCHRITTE INS UNBEKANNTE

WENDEZEITEN

Im ersten Teil des Buches gründeten unsere Überlegungen auf Beobachtungen, Aussagen von Studierenden und Künstlern sowie Zitaten. Im zweiten Teil haben wir, gegründet auf die Theorie von Fritz Riemann, ein psychologisches Konzept entwickelt. In diesem dritten Teil geht es nun um innere kreative Prozesse. Wir beschäftigen uns mit symbolischem Material. Anhand von Träumen zeigen wir individuelle Entwicklungen auf.

Weshalb befassen wir uns nun mit Erneuerungsprozessen? Im Lauf der Auseinandersetzung mit dem Gestaltungsprozess und seinen Phasen machten wir eine für uns erstaunliche Entdeckung. Die geschilderten Phasen sind uns aus der psychotherapeutischen Arbeit wohl bekannt. Diese Parallelen wollen wir im Folgenden beleuchten. Zunächst muss aber eingegrenzt werden: Gemeinsamkeiten mit dem Gestaltungsprozess finden sich nicht im ganzen Spektrum der Psychotherapie. Sie zeigen sich vor allem in der Arbeit mit Menschen in Umbruchzeiten des Lebens.

Unser Leben verläuft nicht linear. Immer wieder gibt es Zeiten des Aufbruchs und des Umbruchs. Einschneidende Geschehnisse wie die Pubertät oder die Pensionierung können eine Wende herbeiführen, aber auch Schicksalsschläge wie Unfälle, Erkrankungen, Verluste.

Aus Not, Schrecken oder Trauer heraus wachsen oft unerwartete Kräfte, und Visionen von Neuem tauchen auf. Altes kann aber auch ganz in der Stille zu Ende gehen. Was sich bislang bewährt hat, trägt nicht mehr. Es hat sich tot gelaufen und muss aufgegeben, losgelassen werden. Gewohnte Lebenshaltungen sind ausgelebt und Neues ist gefragt vom Drängen des eigenen Wachstums. Unentwickelte Anteile der Persönlichkeit wollen integriert werden.

Nicht jeder Umbruch im Leben führt notwendigerweise zu einem Entwicklungsschritt. Es gibt Stockungen, Irrwege, Stillstand, psychische und psychosomatische Erkrankungen. Manchmal bedarf es auch mehrerer äußerer oder innerer Anstöße, bis Angst und Widerstand angesichts einer sich anbahnenden Veränderung überwunden sind.

DER INNERE KREATIVE PROZESS

Wendezeiten wecken das kreative Potenzial im Menschen. Die Entwicklung in Lebensumbrüchen verläuft ebenfalls in Phasen. Diese sind komplex und nicht so deutlich erkennbar wie die Phasen einer gestalterischen Arbeit. Deshalb sind sie schwer zu fassen. Was spielt sich ab während dieses inneren Prozesses? Gespräche mit Betroffenen geben Aufschluss.

Die Phase des Sammelns und Suchens ist eine Zeit des Fragens:

– Wohin führt mein Weg?

– Welches sind meine Möglichkeiten?

– Was muss ich verabschieden?

– Soll ich zuwarten, bis sich eine Tür auftut, oder muss ich mich aktiv auf die Suche begeben?

Dies führt zur Phase der Inkubation. In gleicher Weise wie beim Gestaltungsprozess muss Ungeduld und Unsicherheit ausgehalten werden, immer in der Hoffnung, dass einem irgendwann zu gegebener Zeit ein Licht aufgeht.

Auch die Arbeitsphase läuft innerpsychisch ab, und zwar unterscheidet sie sich stark von der entsprechenden Phase in einer gestalterischen Arbeit: Nicht das Flow-Erleben steht im Zentrum, sondern es entspinnt sich ein Widerstreit zwischen bewahrenden und progressiven inneren Kräften, zwischen rationalen Überlegungen und diffusen Ängsten. Die Aufarbeitung dieses Konfliktes benötigt viel Energie.

Die Umsetzung einer neu gewonnenen Einsicht zeigt sich schließlich anhand konkreter Schritte in der Lebensgestaltung. Hier ist das Ich gefragt. Jeder neue Schritt fordert eine klare Entscheidung. Immer gilt es, die realen Möglichkeiten und Gegebenheiten zu berücksichtigen. So wie unsere vier Typen, Kim, Marlies, Linus und Bettina einen Gestaltungsprozess durchlaufen, so erleben sie Zeiten des Umbruchs und wachsen in eine neue Lebensphase. Sie begegnen ihren gleichen Fähigkeiten und den gleichen Schwächen wie im Lauf einer kreativen Arbeit.[110]

In der Zeit der Umsetzung neuer Erkenntnisse stürzen sich die einen kopfüber ins Unbekannte und kritische Überlegungen folgen hinterher; andere bewegen sich tastend vorwärts, jederzeit zum Rückzug bereit.

Im Stadium der Verifikation wird Bilanz gezogen. Vergangenes und Zukünftiges wird überdacht, von irrealen Wunschvorstellungen wird Abschied genommen. Oft muss das Neue sowohl nach außen als auch nach innen geschützt, vertreten oder gar verteidigt werden.

Die Erholung ist vergleichbar mit der Erleichterung, die sich einstellt, wenn man ein Zimmer aufgeräumt und gelüftet hat. Man atmet auf, verspürt neue Kraft, und man hat wieder Lust auf Neues. Zudem wird in dieser Phase das Neues ins Leben integriert.

Interessant ist, dass fast alle Aussagen von Studierenden über ihr Befinden in den Phasen des Gestaltungsprozesses ebenso gut von Menschen in Umbruchzeiten stammen könnten. Die Abfolge der Phasen ist bei Menschen im Umbruch jedoch meist eine andere als wir sie von der gestalterischen Arbeit her kennen. Oft entwickelt sich eine spezielle Variante der kunterbunten Reihenfolge: Kleine Abschnitte von sich Sammeln, Bebrüten und Aha-Erlebnissen reihen sich immer und immer wieder aneinander. Die innere Reifung braucht Zeit.

Anders ist der Verlauf, wenn die Wende durch einen Schicksalsschlag ausgelöst wird. Dann müssen zunächst Trauer, Wut, Resignation angegangen werden, bevor sich eine innere Wandlung anbahnen kann.

Welche Rolle spielt das Ich? Wann gilt es, das Ich loszulassen, wann müssen wir es einsetzen? Dazu die folgende Kurzgeschichte von Anthony de Mello:

«Zu einem Maler sagte der Meister: ‹Um Erfolg zu haben, muss jeder Maler viele Stunden in beharrliches Mühen und Streben investieren. Manchem ist es gegeben, das eigene Ich beim Zeichnen loszulassen. Wenn das geschieht, wird ein Meisterwerk geboren.› Darauf fragte ein Schüler:

‹Wer ist ein Meister?› Der Meister antwortete: ‹Jeder, dem es gegeben ist, das eigene Ich loszulassen. Das Leben dieses Menschen ist dann ein Meisterwerk›.»[111]

Interessant ist, wie de Mello das Zeichnen in Beziehung zur inneren Entwicklung setzt. Wie wird das menschliche Leben zum Meisterwerk? Das Ich als Zentrum des Wollens und Handelns ist zunächst zum Scheitern verurteilt. Dies trifft zu für die Zeit, während der man nach einer neuen Ausrichtung im Leben sucht, und wo es darum geht, sich für neue Lebensmöglichkeiten vorurteilslos zu öffnen. Sich gleichzeitig beharrlich abmühen und nach Veränderung streben, am Ball bleiben und nicht in das Vertraute und Bequeme zurückfallen braucht andererseits Willensstärke. Soll dann eine neu gewonnene Einsicht überprüft und in den Alltag umgesetzt werden, ist ebenfalls das Ich gefragt.

Der Verlauf in den bekannten Phasen zeigt, dass in jeder Wendezeit ein kreativer Prozess abläuft oder ablaufen kann. Da ist jedoch ein wesentlicher Unterschied: Nach Wendezeiten im Leben steht am Ende nicht ein Kunstwerk da oder eine wissenschaftliche Erkenntnis. Der Gestaltungsprozess findet innerpsychisch statt und wirkt sich nur indirekt aus: Vielleicht ändert jemand eingefahrene Gewohnheiten oder sein Beziehungsverhalten. Dies sind subtile Zeichen dafür, dass ein Entwicklungsschritt stattgefunden hat.

EINE ZEHNTE MUSE?

Wie verhält es sich eigentlich mit der Muse? Küsst sie nur Künstler, oder lässt sie sich herbei, Durchschnittsmenschen zu küssen? – Nun, wie erwähnt gibt es neun Musen, und ihre Küsse beglücken unterschiedliche Menschen: Klio beflügelt die Geschichtsschreiber. Urania erhellt Zusammenhänge in der Astronomie, und Terpsichore feuert Tänzerinnen und Chorsänger an. Euterpe mit ihrer Flöte ist die Muse des lyrischen Gesangs. Kalliope mit Griffel und Buchrolle verkörpert die Muse der erzählenden Kunst. Erato, die Muse der Liebesdichtung, erkennt man an der Leier. Die

Musen der Tragödie und des ernsthaften Gesangs sind Melpomene und Polyhymnia. Und die heitere Thalia inspiriert die Dichter des Lustspiels.

Und, wer weiß… vielleicht gibt es eine zehnte Muse, welche mit ihrem Kuss neue Perspektiven für das Leben aufzeigt. Wenn es darum geht, unerprobte Schritte in Neuland zu tun, dann kann oder könnte der Kuss der zehnten Muse die Augen dafür öffnen.

Diese Muse möchten wir zu unserer Verbündeten machen. Sie kann Menschen durch persönliche Veränderungen begleiten. Sie weckt und unterstützt das kreative Potenzial in Zeiten der Verunsicherung und Orientierungslosigkeit. Ihre zukunftsgerichtete Energie weist den Weg aus dem Chaos.

TRÄUME IN ZEITEN DES UMBRUCHS

Umbruchzeiten werden häufig von intensiven Träumen begleitet. Träume bilden eine Brücke zwischen bewusster Lebenshaltung und unbewussten Inhalten. Sie wissen mehr als das, womit sich unser Tages-Bewusstsein beschäftigt. Oft gehen Träume dem Bewusstsein für eine Situation voraus und leiten eine Entwicklung ein. Mehr oder weniger verschlüsselt geben sie uns Hinweise darauf, wie es um uns steht und wohin der Weg weiter gehen soll. Träume können warnen oder ermutigen. Sie weisen hin auf die Gefahr zu großer Einseitigkeit oder deuten neue Lebensmöglichkeiten an. Und selten gibt es Träume, welche weit über das Persönliche hinaus reichen.

Der Bereich, in dem wir die Ähnlichkeit von Gestaltungsprozess und Lebensentwicklung am besten überprüfen können, ist die Symbolik der Träume. Im ersten Teil haben wir uns mit einigen Träumen befasst, welche einem Gestaltungsprozess vorausgehen oder ihn begleiten. Diese Träume unterscheiden sich nicht von denen, die eine neue Entwicklung im Leben auslösen und begleiten können. Unbewusste Inhalte scheinen keinen Unterschied zu machen zwischen Kunstwerk und Lebenswerk. Dementsprechend ist auch die Bilderwelt der Träume dieselbe. Ohne Kontext, also nur auf Grund des Trauminhalts und seiner Symbolik, lässt sich nicht erkennen, ob sich der Träumende in einem Gestaltungsprozess befindet oder in einer Zeit persönlicher Wandlung. Und manchmal geschieht ja beides gleichzeitig.

Träume sind fast immer mehrdeutig. Wir äußern unsere Gedanken im Wissen, dass unsere Sicht oder unsere Deutung eine von vielen Wahrheiten ist. Wir beschränken uns auf nur einen Aspekt, den Bezug zum kreativen Ablauf in seinen Phasen, und verwenden dabei reale Träume und Traumfragmente. Absichtlich machen wir keine Angaben über die Persönlichkeit und die Lebensumstände der Träumenden. Wir wollen uns auf die Hauptaussage der jeweiligen Träume beschränken.

WOHIN? DER TRAUM VOM PFEIL

Mit frappanter Deutlichkeit kündigt der folgende kleine Traum eine anstehende Umbruchszeit an: «Im Traum sah ich ein Signal, das wie ein Verkehrssignal aussah. Aber es war nur das Zeichen, keine Tafel. Das Signal bestand einzig aus einem Pfeil, der von unten nach oben stieg und auf halber Höhe rechtwinklig nach links abbog.»

Wenn in diesem Traum nichts anderes auftaucht als nur gerade dieser Pfeil, so bekommt er ein besonderes Gewicht. Dieses kleine Signal gibt die Richtung an und wirkt wie ein Befehl. Ginge der Pfeil gerade aus, so könnte das für den Träumer heißen: «Mach ruhig so weiter, du bist auf dem richtigen Weg», oder: «Schau nicht nach rechts und nicht nach links, lass Dich nicht ablenken.» Hier jedoch wird radikal zu einem Richtungswechsel aufgefordert.

Nun bedeutet es einen großen Unterschied, ob der Pfeil nach rechts oder nach links zeigt. Würde er nach rechts weisen, so wäre das eine Aufforderung, aktiv, in die Zukunft gerichtet und auf die Realität bezogen zu werden. Hier aber weist er nach links. Ein Pfeil gegen links fordert auf zu einem Blick in die Vergangenheit oder zur Besinnung auf sich selber. Er könnte sagen: «Wende Dich nach innen!» oder: «Such Deine Ressourcen.» Der Traum fordert eine Veränderung der Haltung; genauer eine Phase der Introversion.

Bezogen auf das Phasenkonzept lässt sich der Traum ganz beim Anfang der Vorbereitungszeit einordnen. Er fordert auf, die Blickrichtung zu ändern und sich neu zu orientieren.

Bezieht sich dieser Traum nun auf die Arbeitshaltung des Träumers, oder bezieht er sich auf die Lebenssituation? Von der Symbolik her gesehen ist beides möglich. Nur im Kontext, den Assoziationen, welche der Traum beim Träumer auslöst, wird der Bezug zum Lebensumbruch sichtbar.

Der folgende Traum ist viel komplexer. Im ersten Teil bezieht er sich ebenfalls auf die Zeit der Vorbereitung. Interessanterweise schließt sich der Übergang in die Inkubation unmittelbar an:

DAS MANUSKRIPT – VATER ODER MUTTER?

«Ich arbeite am Manuskript meiner Dissertation. Füge Seiten ein, merke aber dann, ich habe nicht aufgepasst, bei welcher Seitenzahl ich hätte einordnen sollen. Ich versuche, die losen Blätter zu halten. Kaum möglich; es sind zu viele. Chaos, unübersichtlich, ungutes Gefühl. Habe den Überblick verloren.

Später bin ich mit meinem Vater unterwegs im Auto. Wir fahren zu einem sehr eindrücklichen Ort hoch über einem Tal.

Mutter sitzt in einem Haus, in einem großen Zimmer, ohne Sicht aufs Tal. Sitzt auf dunklem Ledersofa. Sagt, sie fühle sich nicht gut, wahrscheinlich werde sie die Medikamente noch lange Zeit brauchen. Aber es werde ihr schlecht davon, sie müsse immer erbrechen.»

Zunächst spiegelt dieser Traum die Überforderung und Ohnmacht am Ende der Sammelphase. Die vielen, vielen losen Blätter zeigen, dass dem Träumer offenbar eine Vision des Ganzen noch fehlt. Er scheint außerstande, Wichtiges von Unwichtigem zu unterscheiden und das gesammelte Material in eine neue Ordnung zu bringen.

Diese Traumsequenz kann sich ebenso auf eine kreative Arbeit wie auf eine Situation im Leben beziehen. Bezogen auf eine Zeit der Wende hat sich der Träumer mit vielen verschiedenen Möglichkeiten befasst, wie er seinem Leben eine neue Ausrichtung geben könnte. Nun, angesichts all der Optionen ist er außerstande, sich zu entscheiden. Zum Glück ist der Traum an dieser Stelle noch nicht zu Ende.

Es folgen zwei unterschiedliche Szenen, eine mit dem Vater und eine mit der Mutter. Unversehens sitzt der Träumer mit seinem Vater im Auto. Es kommt Bewegung und damit neue Energie in die Situation. Er sitzt nicht mehr wie festgenagelt vor seinen Blättern. Mit der Fahrt im Auto beginnt die Inkubation. Das Auto ist ein Symbol für das Gefäß, in dem die Inkubation stattfinden kann. Man ist abgeschirmt von der Umwelt und doch in Bewegung. Der Standpunkt ändert sich und damit die Perspektive. – Vater und Sohn fahren nun an einen besonderen Ort hoch über einem Tal. Damit nehmen sie Abstand und gewinnen einen Überblick. Die Rolle des Vaters im Traum ist hilfreich und unterstützend.

Ganz im Gegensatz dazu steht die Rolle der Mutter in der nachfolgenden Szene: Sie sitzt allein in einem großen Raum. Von außen her gesehen sind alle Voraussetzungen für eine fruchtbare Inkubationszeit gegeben: Im Haus, im Zimmer und auf dem Sofa ist die Mutter abgeschirmt von der Umwelt. Sie wirkt jedoch wie eine Gefangene, gefangen in ihren Ideen. Ihr fehlt die Aussicht, der Weitblick. Sie scheint zu brüten ohne auszubrüten. Sie verkörpert alles Unbehagen und alle Verzweiflung, welche die Inkubationszeit mit sich bringen kann. Haben nicht Studierende im Kapitel über die Inkubation gesagt: «Ich möchte mit Fieber ins Bett sinken.» «Ich schaffe es nie.» «Dauert das denn ewig?» Der Zustand der Mutter zeigt die Verstimmung, die im Lauf der Inkubation auftreten kann, und wie sehr sie einer depressiven Verstimmung gleicht. Die Mutter bleibt im Unbehagen stecken, ihre Energie ist gebunden und wendet sich gegen sie selber. Sie macht krank. Es geschieht keine Wandlung.

Das Verhalten seines Vaters erlebt der Träumer als konstruktiv. Die Situation der Mutter beleuchtet die Gefahr, in der Inkubation stecken zu bleiben.

MAURIZIO CATTELAN, UNTITLED 2002 (TAXI DER MISS DONKEY)

Der Traum schildert zunächst eine Arbeitskrise. Es wäre durchaus möglich, dass er von einem Mann mitten in einem kreativen Prozess geträumt worden wäre. In der Realität des Träumers ist dies jedoch kein Thema. Vielmehr drehen sich seine Gedanken um einen existenziellen Umbruch. Hier bedient sich der Traum der Bilder einer Arbeitssituation, um sie symbolisch für die «Arbeit am Leben» einzusetzen.

Zusammengefasst könnte die Botschaft dieses Traumes heißen: «Nimm Abstand, sonst bleibst Du hängen!»

Beide Träume erscheinen in Bildern, welche sich sowohl auf eine kreative Aufgabe beziehen können, als auch auf einen Lebensumbruch. Nur im Zusammenhang mit der realen Situation und den Gedanken der Träumenden erhält der Traum seine ganz individuelle Bedeutung.

DIE GRÜNE TÜR – ZWEI WELTEN

Der folgende Traum beschreibt das Erleben von einbrechender Erkenntnis. Sie erscheint hier im Bild einer Tür, welche aktiv geöffnet wird. Fremdes Neuland tut sich auf.

«Ich will an einem Fortbildungsseminar teilnehmen. Ich irre durch die Gänge einer mir fremden Hochschule. Sehe elegant angezogene Teilnehmer oder Gäste. Wo ist die Eingangstür?

Plötzlich sieht es aus wie in einer mittelalterlichen Stadt. Ich sehe eine leuchtend grüne Türe. Sie ist geschlossen. Links von der Tür um die Eck finde ich einen Türklopfer mit Löwenkopf. Ich klopfe ein paar Mal laut. Da öffnet sich die Tür.

Unversehens befinde ich mich in einer total anderen Welt. Zusammen mit Freundinnen besteige ich ein merkwürdiges Gefährt. Es bringt uns in eine völlig unbekannte, sehr farbige Landschaft.»

Betrachten wir zunächst die Welt diesseits der grünen Tür. Es geht um Weiterbildung an einer Hochschule. Intellektuelle Fähigkeiten sind gefordert. Offensichtlich bringt Fortbildung auch Ansehen; die Leute sind sehr elegant gekleidet. – Bei der Suche nach der richtigen Tür wandelt sich die

Umgebung plötzlich. Die Träumerin befindet sich in einer mittelalterlichen Stadt. Es ist eine andere Zeit mit anderen Werten; eine Zeit vor der Aufklärung und vor dem Einzug der Technik. – Jenseits der grünen Tür tut sich dann eine völlig unbekannte Welt auf. Viel sagt die Träumerin nicht darüber. Drei Dinge erwähnt sie: ein merkwürdiges Gefährt, Freundinnen, die plötzlich mit ihr sind, und eine sehr farbige Landschaft. Das seltsame Gefährt symbolisiert neue Energie, die ihr nun zur Verfügung steht, in Form eines außergewöhnlichen, skurrilen Fahrzeugs. Die Freundinnen bringen weibliche Unterstützung, und die sehr farbige Landschaft weist auf das Neue, Unbekannte hin, wo ganz andere Werte gelten: Eine Welt der Farben, der Gefühle und der Phantasie.

Die mittelalterliche Türe in ihrem leuchtenden und verheißungsvollen Grün ist gewichtig. Sie bildet die Grenze zwischen «Alt» und «Neu». Die Welt jenseits der Tür ist symbolisch zu sehen. Sie entspricht Ahnungen einer zukünftigen Entwicklung. Ob diese in der Realität umsetzbar sind, wird sich zeigen.

Welches ist hier die Traumbotschaft? Du bist auf der Suche nach neuen Werten. Bemühe Dich nicht um intellektuelle Weiterbildung, sondern wag Dich vor ins Unbekannte: In den Bereich der Phantasie, der Gefühle, weiblicher Werte. Dann geht Dir die leuchtend grüne Tür auf.

Auch dieser Traum könnte sich auf eine gestalterische Arbeit beziehen. Die Traumbotschaft wäre wohl dieselbe.

Das Spektrum der Traumbilder und Szenen, welche ein Aha-Erlebnis symbolisieren, ist natürlich viel breiter – wir haben es beschrieben.

MAURIZIO CATTELAN,
UNTITLED 1997
(WARDROBE DOOR)

DIE GÄRTNEREI IM SÜDEN

In Veränderungszeiten des Lebens fallen ab und zu Träume auf, welche fast prophetisch ein Bild der zukünftigen Realität vermitteln. Manchmal fordern sie die Träumenden geradezu auf, ihr Leben auf eine bestimmte Art zu verändern. Die Erkenntnis wird dem Träumer über das Traumbild vermittelt.

Sebastian, ein 45-jähriger Computerspezialist, hatte über Jahre den gleichen wiederkehrenden Traum:

«Ich arbeite irgendwo im Freien. Der Ort ist mir unbekannt, aber im Traum ist es immer der gleiche. Ich arbeite als Gärtner, und ich arbeite hart.»

Beim Aufwachen fragt ihn seine Frau oft, ob er in der Nacht wieder gearbeitet habe. Sie nimmt seine nächtliche Anstrengung wahr, denn er atmet schwer und wälzt sich unruhig im Bett herum. Da die Traumlandschaft südlich ist, beginnt er zusammen mit seiner Frau in der Südschweiz und in Norditalien nach einem Gehöft zu suchen. Bis sie durch Zufall auf die Anzeige einer zu verkaufenden Gärtnerei stoßen. Sie besichtigen die Gärtnerei, und sofort weiß er: das ist der Ort, den ich in meinen Träumen gesehen habe.

Dieser Traum ist unverschlüsselt. Eindrücklich und bewegend ist, dass der Mann dem Ort seiner Träume nach Jahren tatsächlich begegnet. Er kann nur staunen. Durch den Traum wird ein inneres Wissen sichtbar, welches die zukünftige Lebensgestaltung vorwegnimmt. Sein Leben erfährt dadurch eine radikale Wende; er übernimmt die Gärtnerei. Wenn Sebastian seine Geschichte erzählt, ist noch heute nach vielen Jahren seine Ergriffenheit spürbar.

Hier konnte der Traum ganz direkt verwirklicht werden. Was hat dies mit Kreativität zu tun? Es geht um eine Haltung der Offenheit nach außen und nach innen, wie wir sie im Kapitel über die Vorbereitungszeit beschrieben haben. Beeindruckend sind der Lebensmut und das radikale Vertrauen, mit dem die Vision umgesetzt wurde.

Nicht jede Vision einer Veränderung kann und muss eins zu eins verwirklicht werden. Träume weisen oft symbolisch darauf hin, dass «etwas» sich ändern sollte – es kann auch äußerlich völlig unspektakulär sein und vor allem die innere Lebenshaltung betreffen. Eine Vision muss immer überprüft werden, denn nicht jede Veränderung ist so wesentlich, als dass es sich lohnte, deswegen das ganze Leben umzukrempeln. Wir haben gesehen: Sebastian hatte über Jahre den gleichen Traum. Es ist wie das Anklopfen einer inneren Stimme an die Tür des Bewusstseins: «Hallo, möchtest Du nicht Dein Leben ändern?» Dieses Anklopfen kann sehr störend und unangenehm sein. Viele versuchen auszuweichen, es zu vergessen, zu verleugnen.

IN DER EISENBAHN

Nicht immer sind es Träume, welche eine Wende einleiten. Dazu das folgende Beispiel:

Reto, ein Architekt um die fünfzig, wusste seit längerer Zeit, dass sich etwas in seinem Leben ändern musste. Aber was? – Eines Tages fuhr er in der Eisenbahn und las in einer Zeitung. Darin stieß er auf einen Artikel, in dem ein Landpfarrer über sein Leben und seine Tätigkeit berichtete. Plötzlich wusste er: «Das ist es, wonach ich immer gesucht habe!» Zu Hause berichtete er aufgeregt von seiner Erkenntnis. – Die Reaktion seiner Familie verblüffte ihn sehr: «Aha, endlich hat er es gemerkt!»

In seiner Phantasie hat Reto sich schon lange mit einer möglichen beruflichen Veränderung befasst. Ein Zeitungsbericht genügte, um bei ihm diese radikale Neuorientierung auszulösen. Der «zufällig» erblickte Artikel brachte ihm die neue Erkenntnis. Ein synchronistisches Ereignis dieser Art tritt dann ein, wenn die innere Bereitschaft vorhanden ist und mehr oder weniger bewusst nach einer Umsetzungsmöglichkeit gesucht wird.

Geht jedoch der Traum mit seinem unbewussten Wissen der bewussten Haltung voraus, so sind die Traumbotschaften und deren Aufforderungen, das Leben zu ändern, oft höchst unwillkommen. Sie widersprechen dann den realen Plänen und Wünschen. Man wird diese Träume vergessen oder als Unsinn wegstecken. Oft auch zu Recht, denn nicht jeder Traum muss eins zu eins umgesetzt werden. Wenn eine Neuorientierung lebenswichtig ist, werden sich solche Träume wiederholen und allmählich drastischer werden.

SÄURE IM GESICHT –
SCHMERZHAFTE ERKENNTNIS

Traumbotschaften können blankes Entsetzen auslösen. Die Verarbeitung einer erschreckenden, bedrohenden Erkenntnis braucht Zeit. Diese ist gekennzeichnet durch den Widerstreit zwischen bewahrenden Kräften und vorwärts drängenden Impulsen. Hier entwickelt sich im innerpsychischen kreativen Prozess eine Auseinandersetzung zwischen beharrenden und vorwärts ziehenden Kräften. Immer wieder prallen diese beiden gegensätzlichen Positionen aufeinander, bis ganz allmählich die vorwärts drängende wächst und kräftiger wird und die zurück bindende erlahmt. Dazu der folgende Traum:

«Ich laufe hinter meiner Frau her. Diese flieht vor mir. Sie dreht sich im Laufen um und wirft mir Säure ins Gesicht.»

Diese Dynamik kommt sehr oft vor bei Paaren: Die eine (oder der eine) entzieht sich. Der Partner fühlt sich im Stich gelassen und wehrt sich dagegen. Der Träumer könnte rufen: «Schau zurück, ich bin da!» «Ich bin doch für Dich da!» «Ich hab Dich doch lieb!» Oder aber: «Wart, Dir wird ich's zeigen!» «Jetzt kommst Du dran, ich hab die Nase voll!»

Und wie ergeht es der Frau? Sie hat es wohl schon mit Worten versucht wie: «Es ist mir zuviel!» «Ich fühle mich vereinnahmt, bedroht!» «Es macht mich rasend!» «Ich brauche meine Grenzen!» Oder: «Du machst mir Angst!» Oder: «Dir werd ich's zeigen!

Schmerz oder Wut sind wohl die Triebfeder für den Mann, seiner Frau nachzueilen. Signale seiner Partnerin, sie nicht zu bedrängen, hat er im Alltag überhört. Sonst käme der Traum nicht so drastisch daher. Es ist ein Warntraum. Die Traumbotschaft könnte heißen: «Mach die Augen auf! Halt ein und ändere dein Verhalten, und zwar augenblicklich.»

Die Erkenntnis, welche dieser Traum vermittelt, ist schmerzhaft und buchstäblich ätzend. Der Träumer wird sich seinen Ängsten, die Partnerin zu verlieren, stellen müssen. Es braucht Zeit, sich dem Widerstreit zu stellen zwischen dem Wunsch nach Nähe und der Einsicht, Abstand nehmen zu müssen.

GROSSE VISIONEN

Aha-Erlebnisse finden sich nicht nur im Privaten. Es gibt Träume und Visionen, welche weit über das Persönliche hinaus reichen. Es geht hier nicht um einen persönlichen Reifungsschritt, sondern um einen Auftrag, eine Berufung. Von besonderer Bedeutung und Auswirkung sind religiöse Visionen und Begegnungen. Meist brechen sie mit elementarer Wucht ins Leben ein und sind in ihrer Tragweite von kollektiver Bedeutung. Im Leben des Einzelnen bewirken sie eine radikale, meist unfreiwillige Veränderung. Einer psychologischen Deutung entziehen sie sich.

Die religiöse Vision kann einen zwingenden Auftrag beinhalten. Sie kommt mit der Kraft eines Befehls, dem man sich nicht entziehen kann, selbst wenn man es gerne möchte. Der Auftrag ist oft übermenschlich, beispielsweise die Berufung zum Propheten, und er erschreckt zutiefst. Die Berufenen zweifeln an der eigenen Kraft und befürchten, dem Befehl nicht gerecht zu werden, oder von den Menschen verfolgt und umgebracht zu werden. Selbstzweifel, Angst vor der Überforderung und vor den Konsequenzen des Auftrags ergreifen sie.

Begegnungen mit dem Göttlichen sind wie ein Paukenschlag. Sie können menschliches Leben einschneidend verändern. Ein kurzer Hinweis auf die Reaktionen einiger Propheten aus dem Alten Testament möge genügen.

Moses erhielt den Auftrag, sein Volk aus der Sklaverei in Ägypten zu führen. Er erhob immer neue Einwände, unter anderem: «Ich bin kein beredter Mann…, sondern schwerfällig ist mein Mund und meine Zunge», und später: «Ach Herr, sende doch, wen Du senden willst!» (2. Mos 4, 10–13)

Auch für Ezechiel war die Berufung zum Propheten ein Schock. Er sagt von sich: «Ich ging dahin voll bitteren Unmuts, und die Hand des Herrn lastete schwer auf mir. So kam ich nach Tel-Abib zu den Verbannten, welche am Flusse Chebar wohnten. Dort saß ich sieben Tage lang betäubt unter ihnen.» (Ez 3, 14–15)

Und schließlich Jona: Er erhielt den Auftrag, nach Ninive zu gehen. Auch er wollte sich der Berufung entziehen. Statt nach Ninive aufzubrechen, bestieg er ein Schiff und wollte nach Tharsis, in die entgegen gesetzte Richtung fliehen. (Jona 1, 1–3)

Keiner der erwähnten Propheten konnte die Berufung ablehnen. Die Beispiele zeigen, wie groß die Belastungsprobe für die Auserwählten oder eben Betroffenen ist.

Viele Träume «gewöhnlicher» Menschen haben eine spirituelle Dimension, unabhängig davon, ob sie während einer schöpferischen Arbeit oder in einer Wendezeit des Lebens geträumt wurden. Man ist berührt von einer Dimension, welche das alltägliche Erleben übersteigt.

DIE KLEINE SCHLANGE

Für die Zeit der Arbeit, wo Ideen umgesetzt werden, führen wir als Beispiel einen eigenen Traum an. Er bezieht sich auf die gemeinsame Arbeit an diesem Buch.

Heidi und Claudia schreiben am Kapitel Verifikation und Kommunikation. Wir bilden Wörterreihen. Wir befestigen Satzfragmente aneinander. Spielerisch entsteht eine Zickzack-Reihe. Plötzlich wird die Reihe lebendig. Ein junges Schlänglein beginnt sich zu bewegen. Wunderbar! Wir stehen da und halten immer noch unbenutzte Satzfragmente in den Händen. Die müssen wir nun liegen lassen, denn die Schlange lebt ja schon…

Jedes Buch besteht aus aneinander gereihten Kapiteln, Sätzen, Wörtern. Im Traum bilden wir aus Wörtern Satzfragmente. Wir beschäftigen uns spielerisch mit den Elementen wie Kinder. Nach einer gewissenhaften Vorarbeit beginnt ein Gestalten, welches von kindlicher Lust und von der Freude am Spiel geprägt ist. Mit einem Mal gewinnen die Wortschlangen ein Eigenleben. Sie bewegen sich und werden zu lebendigen Schlangen. Was haben Schlangen in unserem Buch zu suchen? Schlangen handeln nicht nach rationalen Überlegungen. Im Zusammenhang mit dem Traum stehen sie für ein rein instinktives Verhalten. Übersetzt für uns heißt das: der Text wird nicht lebendig, wenn wir uns den Kopf zerbrechen, wenn wir die Ansprüche an uns und an die Schreibpartnerin höher und höher schrauben, oder wenn wir um Formulierungen ringen und dabei rivalisieren. Lebendig wird der Text, wenn die Freude und die Phantasie ihren

Platz haben. Das Lebendig-Werden der Wörterreihen ist ein Bild für den Flow-Zustand in der gemeinsamen Arbeit.

Nun sagt der Traum ausdrücklich, dass es auch um Verifikation und Kommunikation geht. In der Arbeit zu zweit sind diese beiden Elemente zentral. Die eine macht einen Vorschlag, die andere lässt sich darauf ein, denkt und spürt nach. Vielleicht kommt ein Gegenvorschlag und ein gemeinsames Abwägen beginnt. So entspinnt sich ein Dialog, oder gar ein Trialog zwischen uns beiden und mit dem Text, der sich allmählich entwickelt. So gesehen spiegelt der Traum, wie die Zeit der Arbeit erlebt wird, sowie die beglückenden Momente des Flow-Zustandes, welche uns ab und zu geschenkt wurden.

Stellen wir uns vor, die Zuordnung zur Arbeitssituation wäre nicht so eindeutig, so hätte man sich fragen können: Was muss ich im Leben loslassen, damit die Energie wieder fließt? Oder: Inwieweit kann mir die besondere Art meiner Schreib-Kollegin dazu verhelfen, meine Lebensprobleme kreativ anzugehen? Oder: Ich kann lernen, auf spielerische Weise mit meinen Problemen umzugehen, so wie wir es in der Arbeit zu zweit versuchen.

DIE SICHT DER FLEDERMAUS – ENDE UND ANFANG

«Im Dämmerlicht sehe ich eine Fledermaus, welche mit dem Kopf nach unten an der Decke hängt. Plötzlich bin ich die Fledermaus und sehe die Welt aus ihrer Sicht. Man zeigt mir eine Urkunde, auf der vier Sätze geschrieben stehen. Ohne die Sätze lesen zu können, weiß ich, dass es meine Todesurkunde ist, aber auch gleichzeitig meine Geburtsurkunde. – Beim Erwachen bemerke ich, dass das Datum, welches auf der Urkunde stand, mit dem Datum des heutigen Tages übereinstimmt.»

Eine Fledermaus weckt nicht unbedingt warme Gefühle. Schwarz hängt sie im Gebälk wie ein gefalteter Herrenschirm. Ein eigenartiger Geruch verbreitet sich da, wo Fledermäuse wohnen. Ihr lautloser und unberechenbarer Flug ist unheimlich und kann Angst machen.

Von Nahem gesehen ist der kleine knochige Körper eng in die eigene Haut der Flügel eingehüllt. Diese Haut ist zarter und elastischer als jeder Stoff. Der Körper darunter ist deutlich erkennbar. Hat das Tier nicht ein Gesicht, das gleichzeitig sehr jung und ganz alt aussieht?

Die Symbolik der Fledermaus ist ambivalent. Als nachtaktives Zwitterwesen zwischen Vogel und Säugetier gilt sie als Wesen aus der Geisterwelt. Während sie im fernen Osten als Glücksbringer angesehen wird, wurde sie in Europa mit Hexen, Teufel und Tod in Verbindung gebracht.

Plötzlich erkennt die Träumerin, dass sie selbst es ist, die da unbeweglich als Fledermaus hängt. Was geschieht, wenn ich mich in eine Fledermaus versetze oder gar eine bin? Ich sehe wenig, dafür habe ich Radarantennen, mit denen ich mich sehr gut orientieren kann. Die Nacht ist mir lieber als der Tag. Im Dunkeln finde ich mich ohne weiteres zurecht, dann gehe ich auf Futtersuche. Ich kann fliegen und bin unglaublich wendig. Und am Tag, wenn ich schläfrig an der Decke hänge, tut sich mir eine merkwürdige Welt auf. Oben ist unten, unten ist oben.

Was bedeutet dies nun für die Träumende? Wenn es darum geht, sich in der Nacht zurechtzufinden, in der Welt der Träume und Visionen, so bedeutet dies, dass sie sich vermehrt auf die Inhalte ihres Unbewussten einlassen kann oder soll. Das Irrationale braucht mehr Raum gegenüber der rationalen, klaren Sicht des Tagesbewusstseins. Sie kann fliegen; das heißt, sie kann ihren Phantasien vertrauen. Allerdings: sie lässt sich auf eine schwarze Welt ein, was ungemütlich und unheimlich werden kann. Wenn sie die Welt «verkehrt» zu sehen beginnt, verkehren sich ihre Werte. Unbeachtetes kann plötzlich wichtig werden, Abgelehntes lernt sie aus der Fledermaus-Optik zu würdigen.

Und wie ist dieses Eingewickeltsein zu verstehen? Sich in seine Flügelhaut wickeln ist ein Bild für den Zustand völliger Introversion. Die Fledermaus oder eben die Träumende schützt sich und wirkt doch wehrlos und einsam, auf sich selbst zurückgeworfen, abwartend. Wann wickelt sich eine Frau in Schleier ein? Bei der Taufe, bei der Hochzeit, in der Trauer. Auch Leichen werden in Tücher gewickelt. Es sind alles rituelle Handlungen in Übergangsmomenten. Die hängende und in sich eingewickelte Fledermaus erinnert zudem an eine verpuppte Raupe, bei der sich der Wandel zum Schmetterling von außen gesehen unsichtbar vollzieht.

Diese Wandlung geschieht in der Dämmerung, auch eine Zeit des Übergangs. In diesem «Zwischenreich» sind viele der gewohnten Gesetze außer Kraft. Die Wandlung geschieht der Träumenden. Sie kann nicht das Geringste dazu beitragen, ob sie nun will oder nicht. Sie ist völlig auf sich selbst zurückgeworfen.

Welches ist die Traumbotschaft? Ohne auf die Lebensumstände der Träumerin einzugehen, wird klar, dass eine Phase in ihrem Leben zu Ende geht und sich eine neue anbahnt. Wird die Träumerin sich auf das Neue einlassen? Neu heißt in diesem Fall, sich auf Unvorhergesehenes, nicht Planbares einlassen, den Visionen und Phantasien Raum geben. Es bedeutet auch anzuerkennen, dass ein Teil der Identität «gestorben» ist, dass einige bekannte und vertraute Einstellungen und Handlungsweisen ausgelebt sind und auf sie verzichtet werden muss.

Nun wird der Träumenden eine Urkunde gezeigt. In vier Sätzen werden ihr der eigene Tod und ihre Geburt urkundlich bescheinigt. Das ist ein Moment der Verifikation. Die Inhalte der Verifikation werden verstärkt, indem sie sogar schriftlich festgehalten werden. Diese tiefgreifende Wandlung, welche an die Wurzeln der Existenz rührt, wird besiegelt, während die Träumerin unbeweglich zuschaut. Die Wandlung ist nicht irgendwann einmal zu erwarten. Das Datum auf der Urkunde kann nicht deutlicher das «Jetzt» betonen. Die Wandlung ist schon vollbracht, denn dem Tod folgt die Geburt – nicht umgekehrt. Das Rad der Entwicklung setzt zu einer neuen Umdrehung an. In dieser Radikalität des «stirb und werde» unterscheidet sich der innere kreative Prozess einer Wendezeit von einem kreativen Prozess bei einer gestalterischen Arbeit.

UNTERWEGS MIT DEM KIND

Die Erholung zeigt sich in den Träumen oft in Bildern der Erneuerung oder der Verjüngung. Der folgende Traum bringt aber auch zum Ausdruck, dass das Neue im Leben erkannt und integriert werden muss:

«Ich bin am Bahnhof und besteige einen Zug. Im Einsteigen merke ich, dass ich ein kleines Kind in meinen Armen halte. Das ist ja mein Kind! Warum merke ich das erst jetzt? Ich freue mich sehr, aber ich kenne ja seinen Namen noch gar nicht.»

Die Träumerin besteigt einen Zug. Sie macht sich auf den Weg. Beim Einsteigen geschieht Erstaunliches: Sie merkt, dass sie ein kleines Kind in ihren Armen trägt, und sie weiß, dass es ihr eigenes ist. Weshalb nimmt sie es erst jetzt oder ausgerechnet jetzt wahr?

Um diese Frage zu beantworten, müssten wir die Vorgeschichte kennen. Hatte sie zu wenig Zeit für sich? War sie außerordentlich beschäftigt und engagiert? Oder hat sie neue Wege im Leben eingeschlagen?

Auf jeden Fall fordert der Traum sie auf, ihr Kind wahrzunehmen, es zu versorgen, und ihm einen Namen zu geben. Erst der Name besiegelt die Identität des Kindes.

Das Kind ist ein Bild für das Neue im Leben. Es verkörpert das Potenzial an Entwicklung, Reifung, und an schöpferischen Impulsen. Jedes Kind muss gefüttert, gewickelt, getröstet werden. Es ist ein lebendiges Wesen, welches Zuwendung und Liebe braucht, um gedeihen zu können. Das heißt, ein Kind ist nie «nur» Geschenk, es ist auch Verpflichtung. Bezogen auf die Träumende heißt dies, dass sie dem Neuen in ihrem Leben genügend Energie und Zeit zukommen lassen muss.

Dieses Kind ist nicht ein beliebiges, auswechselbares Kind. Es braucht einen Namen. Der Name betont das Einmalige, Unverwechselbare. Wenn wir beim Namen gerufen werden, wissen wir: Wir sind gemeint. Der Name ist Ausdruck der Identität.

Nun befindet sich die Träumende nicht in einem Haus, sondern sie ist unterwegs, unterwegs zu sich selbst. Dabei geht es um das Wahrnehmen und das Anerkennen des Neuen. Diese Phase hat einen anderen Sinn als das Stadium der Erholung nach einer gestalterischen Arbeit. Das Neue liegt nicht als Arbeitsresultat da – es muss integriert werden. Die innere Erneuerung ist unbemerkt in der Träumenden herangereift. Erst das Bewusstwerden der Entwicklung ermöglicht die Integration des Neuen.

Welches ist die Traumbotschaft? Sie könnte heißen: «Das Neue in deinem Leben ist nicht etwas Beliebiges, Austauschbares. Mach es zu einem Teil deiner selbst. Schau dazu, wie du zu einem kleinen Kind schauen würdest. Das Neue braucht deine Zeit und deine Energie.»

ZUSAMMENFASSUNG

Träume sind immer mehrdeutig, und es gibt viele Arten, sie zu betrachten. Wir haben sie einzig unter dem Gesichtspunkt der Kreativität angeschaut und Aspekte beleuchtet, wo Neues sich anbahnt und vollzogen wird. Die Aussagen der Träume haben wir mit den Phasen des kreativen Prozesses in einer gestalterischen Arbeit verglichen. Dabei machen wir folgende Feststellungen:

- Auch in Lebensumbrüchen verläuft die innere Entwicklung in Phasen.
- Die einzelnen Phasen entsprechen weitgehend den Stadien in einem schöpferischen Prozess.
- Die Phasen können sich in Träumen ausdrücken, und zwar sowohl während eines Gestaltungsprozesses als auch im Lauf einer Neuorientierung im Leben.
- Auf Grund eines Traumes lässt sich nicht feststellen, ob der Träumer einen schöpferischen Prozess durchläuft, oder ob er sich in einer Zeit des Umbruchs befindet. Die Bilderwelt ist dieselbe.
- Während der Zeit der Arbeit unterscheidet sich der kreative Prozess in Wendezeiten des Lebens von demjenigen einer gestalterischen Arbeit, und zwar im oft schmerzhaften Widerstreit der alten und der neuen Kräfte.
- Auch in der Phase der Erholung ergibt sich ein deutlicher Unterschied: das Neue muss ins Leben integriert werden. Das Loslassen des Alten und das Platz geben für das Neue bringt die Energie wieder in Fluss.

Die Kenntnis der inneren Dynamik während eines Gestaltungsprozesses belebt und bereichert das Verständnis für die psychische Entwicklung in Wendezeiten des Lebens.

IV.
IM WIDERSTREIT ZWISCHEN ALT UND NEU – EIN MÄRCHEN

EINLEITUNG

Wo Neues sich anbahnt, ist es immer gefährdet. Progressive und bewahrende Kräfte prallen aufeinander. Wir können dies täglich den Medien entnehmen. Alle Bereiche sind davon betroffen; ob es sich um politische Umwälzungen handelt oder um neue Strategien in der Wirtschaft, ob um Reformen in Institutionen oder um Erneuerungen in der Kunst. Das Gleiche gilt für die individuelle Entwicklung.

Uns interessiert dieses Kräftespiel und wir fragen uns, wie sich das Neue letztlich durchsetzen kann, ohne dass dabei allzu viel Geschirr zerbricht. Wir beschränken uns darauf, die inneren Vorgänge auszuleuchten und richten unser Augenmerk auf das, was sich im einzelnen Menschen beim Betreten von Neuland abspielt.

Weshalb haben wir dafür ein Märchen gewählt? Märchen gründen auf allgemein menschlichen und zwischenmenschlichen Erfahrungen. Bildhaft und anschaulich wird geschildert, wie der Held oder die Heldin den Drachen besiegt, sich mit der Hexe auseinandersetzt, unter Gefahren den Schatz hebt und schließlich den verwünschten Prinzen, die verzauberte Prinzessin befreit und heiratet.

Die Sprache der Märchen ist bildhaft und daher vielschichtig. So lassen sie sich auf eine reale politische Situation beziehen, ebenso auf das Vorgehen in einer kreativen oder wissenschaftlichen Arbeit, aber auch auf die persönliche innerpsychische Entwicklung.

Ursprünglich waren Märchen nicht für Kinder gedacht.[112] Sie vermitteln allgemeingültiges Wissen, geläutert durch das Erzählen und Wiedererzählen über Generationen hinweg. Sie enthalten somit einen wertvollen Erfahrungsschatz und zeigen Auswege aus der Stagnation in einen neuen fruchtbaren Zustand.

In Märchen ist es immer wieder der Jüngste von drei Brüdern, welcher die Aufgaben bewältigt. Oft wird er abschätzig als Dummling bezeichnet. Dennoch sind es regelmäßig seine älteren Brüder, welche in die Irre gehen. Wir stellen uns die folgenden Fragen: Welche Einstellung führt zum Scheitern, welche Haltung bewährt sich? Weshalb sind es meist mehrere Aufgaben, welche gelöst werden müssen, bevor der Bann gebrochen, der Zauber machtlos geworden ist? Lässt sich auch hier das Phasenmodell anwenden, und wie ist die Abfolge der Phasen?

Wir haben das Märchen von den «Drei Federn» gewählt, da es konzentriert und schlicht ist und geeignet, unsere Fragen zu beantworten. Zudem ist es eine typische Dummling-Geschichte. Es stammt aus der Märchensammlung der Gebrüder Grimm. Den Text des Märchens stellen wir voran.[113]

DAS MÄRCHEN VON DEN DREI FEDERN

Es war einmal ein König, der hatte drei Söhne, davon waren zwei klug und gescheit, aber der dritte sprach nicht viel, war einfältig und hieß nur der Dummling. Als der König alt und schwach wurde und an sein Ende dachte, wusste er nicht, welcher von seinen drei Söhnen nach ihm das Reich erben sollte. Da sprach er zu ihnen: «Ziehet aus, und wer mir den feinsten Teppich bringt, der soll nach meinem Tod König sein.» Und damit es keinen Streit unter ihnen gab, führte er sie vor sein Schloss, blies drei Federn in die Luft und sprach, «Wie die fliegen, so sollt ihr ziehen.» Die eine Feder flog nach Osten, die andere nach Westen, die dritte aber flog geradeaus und flog nicht weit, sondern fiel bald zur Erde. Nun ging der eine Bruder nach rechts, der andere nach links, und sie lachten den Dummling aus, der bei der dritten Feder, da wo sie niedergefallen war, bleiben musste.

Der Dummling setzte sich nieder und war traurig. Da bemerkte er auf einmal, dass neben der Feder eine Falltüre war. Er hob sie in die Höhe, fand eine Treppe und stieg hinab. Da kam er vor eine andere Türe, klopfte an und hörte, wie es inwendig rief:

«Jungfer grün und klein,
Hutzelbein,
Hutzelbeins Hündchen,
Hutzel hin und her,
Lass geschwind sehen, wer draußen wär.»

Die Türe tat sich auf, und er sah eine große dicke Itsche (Kröte) sitzen und rings um sie eine Menge kleiner Itschen. Die dicke Itsche fragte, was sein Begehren wäre. Er antwortete: «Ich hätte gerne den schönsten und feinsten Teppich.» Da rief sie eine junge und sprach:

«Jungfer grün und klein,

Hutzelbein,

Hutzelbeins Hündchen

Hutzel hin und her,

Bring mir die große Schachtel her.»

Die junge Itsche holte die Schachtel, und die dicke Itsche machte sie auf und gab dem Dummling einen Teppich heraus, so schön und so fein, wie oben auf der Erde keiner konnte gewebt werden. Da dankte er ihr und stieg wieder hinauf.

Die beiden anderen hatten aber ihren jüngsten Bruder für so albern gehalten, dass sie glaubten, er würde gar nichts finden und aufbringen. «Was sollen wir uns mit Suchen groß Mühe geben» sprachen sie, nahmen dem ersten besten Schäfersweib die Tücher vom Leib und trugen sie dem König heim. Zu derselben Zeit kam auch der Dummling zurück und brachte seinen schönen Teppich. Als der König den sah, erstaunte er und sprach: «Wenn es dem Recht nach gehen sollte, so gehört dem Jüngsten das Königreich.» Aber die zwei anderen ließen dem Vater keine Ruhe und sprachen, unmöglich könnte der Dummling, dem es in allen Dingen an Verstand fehlte, König werden, und baten ihn, er möchte eine neue Bedingung machen. Da sagte der Vater. «Der soll das Reich erben, der mir den schönsten Ring bringt», führte die drei Brüder hinaus, blies drei Federn in die Luft, denen sie nachgehen sollten. Die zwei älteren zogen wieder nach Osten und nach Westen, und für den Dummling flog die Feder geradeaus und fiel neben der Erdtüre nieder. Da stieg er wieder hinab zu der dicken Itsche und sagte ihr, dass er den schönsten Ring brauche. Sie ließ sich gleich ihre große Schachtel holen und gab ihm daraus einen Ring, der so glänzte von Edelsteinen und war so schön, dass ihn kein Goldschmied auf der Erde hätte machen können. Die zwei ältesten lachten über den Dummling, der einen goldenen Ring suchen wollte, gaben sich gar keine Mühe, sondern schlugen einem alten Wagenring die Nägel aus und brachten ihn dem König. Als aber der Dummling seinen goldenen Ring vorzeigte, so sprach der Vater abermals: «Ihm gehört das Reich.» Die zwei ältesten ließen nicht ab, den König zu quälen, bis er noch eine dritte Bedingung machte und den Ausspruch tat, der sollte das Reich haben, der die schönste Frau heimbrächte. Die drei Federn blies er nochmals in die Luft, und sie flogen wie die vorigen Male.

Da ging der Dummling ohne weiteres hinab zu der dicken Itsche und sprach: «Ich soll die schönste Frau heimbringen.» – «Ei», antwortete die Itsche, «die schönste Frau! die ist nicht gleich zur Hand, aber du sollst sie doch haben.» Sie gab ihm eine ausgehöhlte gelbe Rübe, mit sechs Mäuschen bespannt. Da sprach der Dummling ganz traurig: «Was soll ich damit anfangen?» Die Itsche antwortete. «Setze nur eine von meinen kleinen Itschen hinein.» Da griff er aufs Geratewohl eine aus dem Kreis und setzte sie in die gelbe Kutsche, aber kaum saß sie drin, so wurde sie zu einem wunderschönen Fräulein, die Rübe zur Kutsche und die sechs Mäuschen zu Pferden. Da küsste er sie, jagte mit den Pferden davon und brachte sie zu dem König. Seine Brüder kamen auch, sie hatten sich gar keine Mühe gegeben, eine schöne Frau zu suchen, sondern die ersten besten Bauernweiber mitgenommen. Als der König sie erblickte, sprach er. «Dem jüngsten gehört das Reich nach meinem Tod.» Aber die zwei ältesten betäubten die Ohren des Königs mit ihrem Geschrei: «Wir können's nicht zugeben, dass der Dummling König wird», und verlangten, der solle den Vorzug haben, dessen Frau durch einen Ring springen könnte, der da mitten im Saal hing. Sie dachten, «Die Bauernweiber können das wohl, die sind stark genug, aber das Fräulein springt sich tot.» Der alte König gab das auch noch zu. Da sprangen die Bauernweiber, sprangen auch durch den Ring, waren aber so plump, dass sie fielen und ihre groben Arme und Beine entzweibrachen. Darauf sprang das schöne Fräulein, das der Dummling gebracht hatte, und es sprang so leicht hindurch wie ein Reh, und aller Widerspruch musste aufhören. Also erhielt er die Krone und hat lange in Weisheit geherrscht.

Nun wollen wir das Märchen in seinem Ablauf genauer betrachten.

DER ALTE KÖNIG WILL SEINE HERRSCHAFT ABGEBEN – DIE AUSGANGSLAGE

Er ist alt und hat keine Kraft mehr. Er merkt selbst, dass er nun einen Nachfolger braucht, dass die Zeit reif ist. Was heißt das übersetzt auf eine Lebenssituation? Etwas hat sich totgelaufen. «Dä Pfuus isch duss» (die Luft ist draußen). Auf die gleiche Weise kann es nicht mehr weitergehen, die Energie ist weg, eine Erneuerung ist angesagt.
In der Ausgangslage weist die Geschichte indirekt auf einen Mangel hin: Eine Frau, eine Königin wird nicht erwähnt. Das weibliche Element fehlt. Was kann dies bedeuten? Eigenschaften, Qualitäten, welche dem Weiblichen zugeordnet werden, sind in diesem Königreich zurzeit in Vergessenheit geraten und werden gering geachtet. Im Märchen wird dem weiblichen Element, das bekanntlich auch in Männern aktiv ist, Beziehungsfähigkeit und Einfühlungsvermögen zugeschrieben.
Im Märchen weiß der König nicht, welchem seiner Söhne er das Reich übergeben will. Er ist unschlüssig. Entscheidet er sich nicht, so wird ein harter Streit um die Nachfolge unausweichlich sein. Er will seine Söhne prüfen, um sich seine Entscheidung zu erleichtern. – Was sind das für Söhne? Zwei sind «klug und gescheit», heißt es. Sie bewähren sich im bestehenden System. Ihr Vater wird sich, was ihre Leistung angeht, keine Sorgen gemacht haben.
«Der Dritte aber sprach nicht viel, war einfältig und hieß nur der Dummling», steht im Märchen. Es ist anzunehmen, dass er Schulschwierigkeiten hatte. Sicher war er langsamer und bedächtiger als seine Brüder. Ob er eine Lernstörung hatte, vielleicht eine Legasthenie? Seine wortkarge Art könnte darauf hinweisen. Dass er nicht mit einem Namen, sondern mit «Dummling» bezeichnet wird, weist darauf hin, dass er nicht in seinem Wert erkannt, sondern nur nach seiner Abweichung vom bestehenden System, nach vermeintlichen Schwächen beurteilt wurde. Sein Selbstwertge-

fühl war wohl klein. Woraus hätte er ein gesundes Selbstvertrauen beziehen können? Was in ihm vorgeht, weiß man nicht. Er sagt nichts darüber. Stellen wir uns nun vor, das Märchen sei ein Traum, den wir geträumt haben. In einem Traum rollt sich ja unser persönliches Theater auf; alles was vorkommt, hat mit uns zu tun, oft auf rätselhafte Weise. – Der alte König wäre demnach unsere Lebenshaltung; er verkörpert die Art und Weise, wie wir im Leben stehen. Nun ist er alt und schwach geworden. Das Leben, so wie wir es bisher gelebt haben, hat an Bedeutung verloren. Die Freude, die Energie, die Lust sind weg. Eine Änderung ist angesagt. Aber woher kommt die Erneuerung? Da sind die beiden älteren Söhne, beide klug und gescheit. Sollen wir uns auf unsere Klugheit verlassen? Da die Frage nach einer Erneuerung gestellt ist: Wollen wir unser Leben gestützt auf rein rationale, vernünftige Überlegungen ändern? Willensmäßig und zielbewusst eine neue Richtung einschlagen? Offenbar sind wir unschlüssig. Die andere Option wäre, dem inneren «Dummling» zu vertrauen. Aber der spricht nicht viel, er kann sich über Worte schlecht ausdrücken. Das heißt, wir können nicht in Worte fassen, worum es uns gehen soll und was fortan wichtig sein soll in unserem Leben. Außerdem ist der innere Dummling einfältig: er wägt nicht sorgfältig ab und überlegt nicht nach rationalen Kriterien. Wir wissen nicht, ob unser innerer Dummling klare Pläne und Vorstellungen hat oder nur vage Intuitionen. Es könnte peinlich werden, würde man sich auf ihn abstützen. Er hat sich ja noch nie bewähren müssen. Schauen wir uns an, was der alte König im Märchen tut. Er sprach: «Ziehet aus, und wer mir den feinsten Teppich bringt, der soll nach meinem Tod König sein.» Mit der gestellten Aufgabe beginnt die Phase der Vorbereitung, des Suchens. Der Teppich steht hier als Symbol der Erneuerung. Teppiche bringen Farbe in den Königspalast. Farben wecken Gefühle, es geht somit um ein Wecken guter Gefühle. Teppiche bringen auch Wärme auf die kalten Steinfliesen im Königspalast. Ist es die Wärme des Herzens? Ein Gewebe verbindet senkrechte mit waagrechten Fäden. Symbolisch gesehen ist das Gewebe ein Bild für das Lebensmuster. Der Zettel, der Verlauf der senkrechten Fäden, bezieht sich auf die Art und Weise, wie unser Leben in der Zeit verläuft. Der Schuss, der Verlauf der waagrechten Fäden, verdeutlicht, wie wir im Leben stehen und wie wir es gestalten.

Seit jeher haben sich übrigens Männer und Frauen in die Aufgabe des Herstellens von Teppichen geteilt. Das Gewebe eines Teppichs verbindet somit männliche mit weiblichen Qualitäten. Der alte König fordert mit «dem feinsten Teppich» ganz direkt ein Symbol für die Erneuerung seines Reichs. Dies lässt sich unmittelbar ins persönliche Leben übersetzen: der Teppich verbildlicht die Art und Weise einer Erneuerung: Mehr Farbe, mehr Wärme, ein unmittelbarer Zugang zu den eigenen Gefühlen, eine engere Verbindung zwischen unseren «männlichen» und den «weiblichen» Qualitäten soll unser Lebensgewebe erneuern und beleben.

DIE FEDERN FLIEGEN – SAMMELN UND SUCHEN

Es beginnt die Vorbereitungszeit, die Zeit des Aufbrechens ins Ungewisse. Im Märchen heißt es: «Der König führte sie vor sein Schloss, blies drei Federn in die Luft und sprach: ‹Wie die fliegen, so sollt ihr ziehen›.» Das Zusammenwirken von Wind und Federn gibt der Suche eine Richtung. In diesem Zusammenhang kommen wir nochmals auf das Gedicht der Lyrikerin Brigitte Fuchs zurück. Im ersten Teil, «Zeit der Verifikation» haben wir es zitiert. Die Autorin hilft sich über eine Blockade hinweg, indem sie spielerisch vorgeht:
«…Aber man kann Schiffe
falten und sie durch die Luft
segeln lassen…»
Sowohl durch die Luft segelnde Papierschiffchen als auch Federn fliegen zufällig. Sie geben dem Unvorhersehbaren Raum. Von unserem Willen her können wir eine Erneuerung nicht bewerkstelligen. Bis jetzt war zielgerichtetes Handeln ein hoher Wert. Die gewohnten Verhaltensweisen tragen jedoch in diesem Moment nicht mehr. Es gilt Neues zu erproben. Im Märchen bläst der Wind die drei Federn weg. Der Wind kann gesehen werden als die unsichtbare geistige Kraft, der wir vertrauen, und der wir uns überlassen sollen. Dies kann Angst machen.

«Die eine Feder flog nach Osten, die andere nach Westen, die dritte aber flog geradeaus und flog nicht weit, sondern fiel bald zur Erde. Nun ging der eine Bruder nach rechts, der andere nach links, und sie lachten den Dummling aus, der bei der dritten Feder, da wo sie niedergefallen war, bleiben musste.»

Alle drei Brüder machen sich auf den Weg. Zwei wandern weit in fremdes Land. Dem Dritten wird ein scheinbar allzu kurzer Weg zugewiesen und überdies verhöhnen ihn seine Brüder. Wie ergeht es nun dem Dummling?

«Er setzte sich nieder und war traurig,» heißt es im Märchen.

An diesem Punkt wollen wir uns in den Dummling versetzen. Versuchen wir, seinen Gefühlen Worte zu geben:

«Warum fliegt meine Feder nicht weiter?»

«Warum bin ich immer benachteiligt?»

«Der schönste Teppich kann ja nicht hier sein. Der ist sicher irgendwo weit weg.»

«Sowieso findet einer meiner Brüder den Teppich. Das ist ja auch recht.»

«König kann ich ohnehin nicht werden.»

Er glaubt wirklich, dass er dumm ist und vom Leben benachteiligt. Er übernimmt das negative Werturteil seiner Umgebung. Diese Werte und Entwertungen gehören zu einem System, welches erneuerungsbedürftig ist.

Der Dummling ist an einem Punkt angelangt, wo alles aussichtslos erscheint. Es gibt wohl in jedem Leben diese Tiefpunkte, wo für Hoffnung kein Anlass besteht. Diese Tiefpunkte dauern ja nicht einfach eine Schrecksekunde lang. Ob sie eine Minute, einen Tag lang, ein Jahr dauern werden, kann man nicht wissen. Alles erscheint fruchtlos, sinnlos. Viele depressive Verstimmungen gehen einher mit dem Gefühl und dem Wissen, dass es im Leben so nicht weitergehen kann. Zwar gibt es oft eine vage Ahnung, dass sich etwas ändern muss und vielleicht auch ändern wird. Aber wie? Das Ziel ist unbekannt, jede Anstrengung erscheint sinnlos. Immerhin kennt der Dummling seine Aufgabe, einen Teppich zu suchen, ein neues Lebensmuster zu entwickeln.

DER ABSTIEG – DIE INKUBATION

In dieser Ratlosigkeit und Trauer geschieht plötzlich ein Umschwung; er entdeckt eine Tür. Nicht jeder der traurig da sitzt, hat plötzlich einen Ausweg vor Augen.

«Da bemerkte er auf einmal, dass neben der Feder eine Falltüre war. Er hob sie in die Höhe, fand eine Treppe und stieg hinab. Da kam er vor eine andere Türe, klopfte an und hörte, wie es inwendig rief…»

Im Loslassen des aktiven Suchens entdeckt der Königssohn, dass er nicht in die Weite, sondern in die Tiefe gehen muss. Eine neue Perspektive tut sich auf. Sein Hinabsteigen durch Türen und über Treppen entspricht der psychischen Arbeit in der Inkubation. Psychologisch gesehen sucht der jüngste Königssohn nicht nur bewusst, sondern er vertraut zusätzlich dem verborgenen Wissen des Unbewussten.

In einer älteren Version dieses Märchens [115] fällt die Feder auf einen Stein vor dem Schloss. Der Dummling wird ausgelacht und muss auf dem Stein sitzen bleiben. Er weint herzzerreißend und wiegt sich in seiner Verzweiflung hin und her. Da bewegt sich der Stein unter ihm, und er entdeckt eine Marmorplatte mit einem Ring, welche sich öffnen lässt. Das Weinen und die Bewegung des Schaukelns bringen die Wende.

Im vorigen Kapitel haben wir anhand mehrerer Träume gesehen, dass eine neue Erkenntnis oft hinter Türen wartet. Symbolisch stellt die Türe die Grenze zum Neuen, noch Unbekannten dar. Psychologisch gesehen war-

MAURIZIO CATTELAN, UNTITLED 1997 (RECTANGULAR HOLE PILE OF REMOVED EARTH)

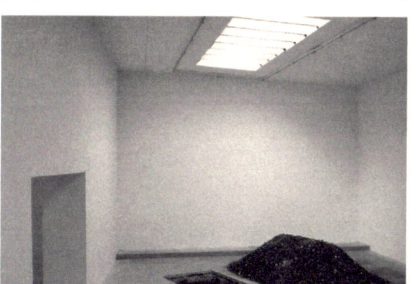

tet hinter der Tür Unterdrücktes und Verdrängtes. Es will angeschaut und ins Leben integriert werden.

Was weckt uns, damit eine Türe sichtbar wird? Wie wir wissen, muss die zielgerichtete Aufmerksamkeit vorübergehend losgelassen werden, damit die Muse küssen kann. Der Dummling ist erfüllt von seiner Traurigkeit und dadurch wie entrückt. Wir haben gesehen, dass der Moment der Erkenntnis sich beim Einschlafen, beim Duschen oder auf dem WC einstellen kann. Aber auch Erschütterungen, wie Verzweiflung, Gefühle von Wut oder Trauer können uns wecken und aufrütteln. Ebenso geschieht es, dass Schicksalsschläge und Krankheiten Türen öffnen. Das Entdecken des Unerwarteten ist ein wichtiges Thema. In vielen Märchen kommt es vor.

Im Moment, wo er die Türe erblickt, kehren die Lebensgeister des Dummlings zurück. Er öffnet sie, geht Treppenstufen hinunter und steht vor einer zweiten Tür. Ohne sein aktives Dazutun ist eine Tür da, er braucht sie nur zu öffnen. Der Moment der Erkenntnis ist da, das Unerwartete geschieht, wir müssen uns «nur» darauf einlassen.

In unserem Märchen muss sich der Dummling bücken, die Falltür öffnen und in die Erde hinunter steigen. Was bedeutet dies? Buchstäblich muss er sich herablassen, eine Haltung der Demut, des Nicht-Wissens einnehmen und sich von der Erde aufnehmen lassen. – Man spricht von «Mutter Erde», vom Schoß der Erde. Die Erde bringt alle Pflanzen hervor, lässt sie wachsen, blühen und wieder verwelken. Sie ist der Boden, welcher den Kreislauf der Natur ermöglicht, Symbol für Tod und für neues Leben. Zu Beginn haben wir erwähnt, dass das Naturhaft-Mütterliche im Märchen fehlt, das Garant für Erneuerung und Fruchtbarkeit ist. Offensichtlich hat der Jüngste eher Zugang zu diesem Bereich als seine beiden Brüder. Jedenfalls öffnet er die Tür ohne zu zögern, steigt hinab und klopft an eine zweite Tür. Das Ambivalente – «soll ich ... oder soll ich nicht?» – scheint ihm fremd zu sein. Als einfältig wird er zu Beginn bezeichnet. Er wägt nicht ab, sondern lässt sich von seinen Gefühlen lenken. Auf die Typologie bezogen: er handelt spontan wie Linus.

Und wenn nun dieser Dummling wiederum einen inneren Teil von uns verkörpert, was heißt dies für einen Entwicklungs- und Wandlungsprozess? Sich ihm anvertrauen bedeutet Offenheit für das Ungewöhnliche, Unver-

ständliche, Anklopfen an die Tür des Irrealen, auch der Phantasie, sich leiten lassen von geheimnisvollen Kräften ohne Wenn und Aber. Dies ist nie
einfach. Man stellt sich unweigerlich quer zu kollektiven Werten. Viele Aus-
und Umsteiger sind diesen Weg gegangen. Wir haben im Zusammenhang
mit dem Moment der Erkenntnis in Träumen den 45-jährigen Sebastian erwähnt. Auf Grund eines immer wiederkehrenden Traumes machte er sich
auf und kaufte eine Gärtnerei im Süden. Er fand den Mut, die Tür zu einem neuen Lebensabschnitt aufzustoßen und hat es nicht bereut.

IM REICH DER KRÖTEN –
DER MOMENT DER ERKENNTNIS

«Der Dummling klopfte an und hörte, wie es inwendig rief:
‹Jungfer grün und klein,
Hutzelbein,
Hutzelbeins Hündchen
Hutzel hin und her,
Lass geschwind sehen, wer draußen wär.›
Die Türe tat sich auf, und er sah eine große dicke Itsche (Kröte) sitzen und
rings um sie eine Menge kleiner Itschen…» – Und von der Kröte bekommt
er einen Teppich, «wie oben auf der Erde keiner konnte gewebt werden.»
Da dankt er ihr und steigt wieder hinauf.
Stellen wir uns wieder vor: wir träumen, und unser Traum führt uns in eine
Höhle mit einer großen, dicken Kröte. Wahrscheinlich ist sie im Traum
ebenso groß wie wir. Es ist dunkel, es ist feucht und glitschig. Und dann
hat es noch jede Menge junger Kröten rings um die dicke Itsche. Ätsch!
Igitt! Vielen von uns würde es enorm grausen, und am liebsten wären wir
sofort wieder am Tageslicht. Da wäre ein echter Musenkuss appetitlicher!
Die meisten Kröten fühlen sich ja trocken an beim Anfassen, aber ihre Haut
ist voller Warzen, und manche sind giftig. Nur die golden leuchtenden, geheimnisvollen Augen grausen uns nicht, aber hat dieser unergründliche
Blick nicht etwas Unheimliches an sich?

Kröten versinnbildlichen das feuchte, fruchtbare Weibliche in seiner Ur-
form. Es gibt sogenannte Geburtshelferkröten. Nur schon die Gestalt einer Kröte erinnert an einen Uterus. Mit all den jungen Itschen ist hier in
dieser Höhle der Ort einer ungeheuren weiblichen Fruchtbarkeit. – Kröten
und Unken mit ihren goldenen Augen stehen aber zudem für verborgenes
Wissen, für die Weisheit der Natur.[116]

Die Suche nach dem schönsten und feinsten Teppich führt also zu einem
Urbild weiblicher Fruchtbarkeit. Das unterirdische Krötenreich verkörpert
die Werte, welche im Lande des Königs fehlen.

Es ist vorstellbar, dass bei einer anderen Ausgangslage, mit einem anderen Defizit, z.B. einem fehlenden Vater, mangelndem Geld, anhaltender
Dürre, der Dummling ganz andere Werte zu integrieren hätte.

Zurück zu unserem Märchen: Unter der Erde wirkt der Dummling überhaupt nicht mehr dumm und unbedarft. Er ist nicht überrascht, jedenfalls
wird nichts dergleichen berichtet. Er begegnet der dicken, sprechenden
Kröte mit Respekt und mit Vertrauen, ganz als ob sie eine weise, alte Frau
wäre. Es erscheint ihm nicht absurd, eine Kröte nach einem Teppich zu fragen. Im Irrationalen, im Zauberhaften, ist er zuhause. Die oberirdische
Denkweise ist hier außer Kraft gesetzt.

Genau so wie das Krötenreich im Reich des Königs völlig fremd ist, genau
so fremd und eben dumm wirkt der Dummling in seiner Familie. So ergeht
es immer wieder Kindern, deren Wesensart und Fähigkeiten nicht mit dem
offiziellen Familienschema übereinstimmen. Sie bekommen dann mehr
oder weniger verbrämt zu hören: «Du gehörst nicht zu uns, Du bist anders.» Wenn dieses Anderssein im offiziellen Wertesystem der Familie keinen Platz hat, bedrohlich ist und unterdrückt werden muss, dann wird das
Kind zum Dummling gemacht. Oft wiederholt sich dasselbe Drama in der
Schule.

Der jüngste Prinz begibt sich also in eine Gegenwelt zum Königreich. Hier
findet er eine archaisch-mütterliche Umgebung, welche ihm bis dahin unbekannt war. Den gesuchten Teppich erhält er als Geschenk, das er mitnehmen darf. Indem er ihn ans Tageslicht bringt, stellt er eine Verbindung
her zwischen der unterirdisch-mütterlichen und der irdisch-väterlichen
Welt.

Alle drei Brüder finden einen Teppich. Der Teppich entspricht dem Inhalt, welcher im Moment der Erkenntnis gefunden wird. Die beiden älteren Brüder rauben ihn. Der Jüngste erlebt den Moment der Erkenntnis als Geschenk.

DIE BRÜDER

«Die beiden anderen hatten aber ihren jüngsten Bruder für so albern gehalten, dass sie glaubten, er würde gar nichts finden und aufbringen. "Was sollen wir uns mit Suchen groß Mühe geben", sprachen sie, nahmen dem ersten besten Schäfersweib die Tücher vom Leib und trugen sie dem König heim.»

Versuchen wir das Unangenehme und versetzen wir uns in die Haut der älteren Brüder. Sie sind zu zweit, fühlen sich mächtig und unangreifbar. Die Krone ist schon in Reichweite. Weshalb sich da noch Mühe geben? Und trotzdem schockiert ihr raues Vorgehen und die verachtende Respektlosigkeit, mit der sie den Schäferinnen die Tücher entreißen. Hier tritt eine Haltung der Ausbeutung und der Geringschätzung gegenüber dem Weiblichen zutage. Diese scheint im offiziellen Wertesystem des Königreichs geduldet zu sein. Der König erteilt ihnen keine Rüge, er toleriert ihr Verhalten. – Umso besser ist da zu verstehen, dass sich das weibliche Reich unter die Erde zu den Kröten verzogen hat.

Nicht in allen Versionen dieses Märchens ist der Gegensatz zwischen dem Dummling und seinen Brüdern so drastisch dargestellt. In andern Versionen reisen die Brüder in ferne Länder und kaufen sich dort schöne Teppiche – auch diese verblassen jedoch neben der magischen Schönheit des Teppichs aus der Unterwelt.

Das Drama des Märchens kann sich zwischen mehreren Menschen oder aber in der Psyche des einzelnen abspielen. Wenn wir den König und seine drei Söhne als innerpsychische Instanzen ansehen, so verkörpert der alte König das Ich als bewusstes Zentrum unseres Wollens und Handelns. Die beiden älteren Brüder symbolisieren Handlungsweisen, die früher fruchtbar waren, nun aber ausgedient haben. Der Dummling schließlich verkörpert neue Strebungen und unerprobte Handlungsweisen. Seine Weisheit bezieht er aus dem Reich der Kröten. Diese weibliche Weisheit entspricht den Werten, die dem Ich fehlen. Diese müssen integriert werden, um die Entwicklung in Gang zu bringen.[117]

DAS HEIMBRINGEN – DIE ARBEIT

Nun gilt es, den Teppich zurück zum König zu bringen, um den Wettbewerb um die Königskrone zu gewinnen. Das entspricht der Zeit der Arbeit. In unserem Märchen wird darüber nicht viel gesagt. In einer anderen Version des Märchens ist die Heimreise vor allem für den Jüngsten eine schwierige Sache. Es heißt darin:

«Er machte sich bereit, um mit großer Herzensfreude zu seinem Vater zurückzukehren. Der Jüngling begann nun seine Wanderung und wanderte den ganzen Tag hindurch, ohne jemand zu begegnen. Als es später Abend wurde, erblickte er ein Licht und ging darauf zu, um über Nacht Unterkommen zu finden. Da erkannte er dieselbe Herberge wieder, wo er sich von seinen Brüdern getrennt hatte, und wie er herein kam, sieh, da saßen die Bauernsöhne da (in dieser Version sind es Bauern- und nicht Königssöhne) hinter Schüsseln und Krügen und aßen und tranken und machten sich lustig. Da nun der Knabe nicht imstande war, an ein Unrecht lange zu denken, so freute er sich, seine Brüder zu treffen und ging zu ihnen und begrüßte sie mit großer Liebe. Darauf begann er zu sprechen und fragte, wie es ihnen ergangen, seit sie sich zuletzt sahen, und ob es ihnen gelungen, ein Tuch zu verdienen, das sie auf des Vaters Weihnachtstisch legen könnten. Die Brüder sagten, ihnen sei alles gut vonstatten gegangen. Und es holte jeder sein Tuch hervor, aber die Tücher waren grob und verschlissen. Das sprach der Junge: ‹Wartet, da sollt ihr etwas ganz anderes sehn.› Da breitete er das Tuch aus, das er von der Kröte erhalten hatte, und alle Gäste der Herberge verwunderten sich über das schöne Gewebe. Aber die Bauernsöhne konnten es schlecht leiden, dass ihr jüngerer Bruder eine solche Kostbarkeit besaß. Sie nahmen ihm deshalb mit Gewalt das schöne Tuch und gaben ihm dafür ihre alten Tischtücher. Darauf wanderten alle drei Brüder zu ihrem Vater nach Hause. Aber als der Weihnachtsabend kam und die Jünglinge ihre Tücher auf den Tisch legten, da war der Alte hocherfreut und konnte ihr Glück nicht genug preisen Sie begannen nun auch sich selbst zu rühmen und sprachen weit und breit von allen großen Dingen, die sie ausgeführt hätten. Aber der Jüngste war schweigsam und sagte nichts. Er fand weder Gehör noch Glauben, was er auch erzählen mochte.»[118]

Der Teppich entspricht dem Schatz der Erkenntnis, welche dem Jüngsten aus dem Unbewussten geschenkt wird. Das Heben des Schatzes, und vor allem das Integrieren des Schatzes in die bestehende Welt ist keine kleine Sache. Für den Dummling bedeutet dies die eigentliche Arbeit. Dank seinem spontanen und unvoreingenommenen Wesen ist es ihm leicht gefallen, einen neuen und unkonventionellen Weg zu gehen und den Teppich oder das Tischtuch zu finden. Aber nun begegnet er seinen Brüdern, und damit beginnen die Schwierigkeiten. Zwei unterschiedliche Wertsysteme prallen aufeinander. Noch ist die Vormacht auf der Seite der Brüder. Die Unerfahrenheit im Umgang mit eigenen Werten wird dem Dummling zum Verhängnis. Er gerät in eine Falle – Wie ist das zu verstehen?

Endlich, endlich hat der Jüngste etwas, was er vorzeigen kann! Nun werden ihn die Brüder anerkennen, vielleicht sogar lieben! Ist das nicht die ganz große Sehnsucht von unzähligen Menschen, irgendwann die Wertschätzung und die Liebe zu finden, die ihnen als Kind von Eltern und Geschwistern versagt worden ist? Diese Sehnsucht macht die unglaubliche Arglosigkeit verständlich, mit welcher der Dummling den Brüdern seinen Fund zeigt.

Was heißt zu frühes Ausplaudern? Typologisch ist es dem spontanen Linus zuzuordnen. Dieser hat keine Hintergedanken, ist großzügig und in keiner Weise berechnend. Es fällt ihm schwer, ein Geheimnis für sich zu behalten. Die Fähigkeit, etwas geheim zu halten, wird Containing genannt, ein zutreffender deutscher Ausdruck fehlt.[119] Offenbar ist es wichtig, dass der Dummling dies nun lernt, sonst wird er als König auf jede Schmeichelei der Hofschranzen und auf die Ränke seiner Rivalen hereinfallen.

«WENN ES DEM RECHT NACH GEHEN SOLLTE» – VERIFIKATION

Im Märchen heißt es: «Als der König den Teppich sah, erstaunte er und sprach: "Wenn es dem Recht nach gehen sollte, so gehört dem Jüngsten das Königreich."

Der Dummling hat einen zauberhaft schönen Teppich gebracht. Der alte König nimmt es erstaunt zur Kenntnis. Mit der Wahl des Konjunktivs "Wenn es dem Recht nach gehen sollte" zeigt er seine Unsicherheit und unterhöhlt seinen eigenen Beschluss.

Die Verifikation ist in diesem Märchen problematisch. Alle kennen die Wahrheit, aber sie soll und darf nicht sein. Die Brüder sind aufgeschreckt. Sie beginnen, den Vater gegen den jüngsten Bruder aufzuhetzen. Keineswegs haben sie im Sinn, ihre Macht abzugeben.

Bei einem Menschen, welcher an einem Wendepunkt in seinem Leben steht, entfaltet sich innerpsychisch gesehen die gleiche Dynamik, wie sie sich zwischen dem alten König, seinen beiden älteren Söhnen und dem Dummling abspielt: Eine Lebensphase, ein Zeitabschnitt ist unfruchtbar geworden. In Träumen, Phantasien und Begegnungen klopft das Neue an. Geht eine Lebensphase zu Ende, ist das Ich geschwächt. Wie eine im Wind flatternde Fahne lässt es sich von allen Seiten beeinflussen.

Versetzen wir uns nochmals in den alten König. Er wird sich sagen: «Im Grunde weiß ich, dass mein Weg so nicht weiter gehen kann. Ich merke, dass der Dummling mehr kann als ich dachte. Aber gegen die Brüder komme ich nicht auf. Wer ist eigentlich der Dummling? Ist mein jüngster Sohn gar ein verkappter Weisling? Aber sicher ist sicher; ich setze auf Altbewährtes. Der Dummling als König? Der soll die Geschicke des Landes in seinen Händen halten? – Nein! Lieber nochmals eine Prüfung.»

Die Haltung des königlichen Vaters und der älteren Brüder ist uns allzu vertraut. In privaten Beziehungen und beruflich, in der Politik und in der Wirtschaft ist das Beharrungsvermögen enorm. Ängste und Machtansprüche werden durch Phrasen verbrämt wie: «Bis jetzt ist es auch gegangen... Wohin kämen wir wenn.... Dieser Anwärter ist ja viel zu jung und unerfahren.»

Bei einem Menschen, welcher an einem Wendepunkt in seinem Leben steht, entfaltet sich innerpsychisch gesehen die gleiche Dynamik, wie sie sich zwischen dem alten König, den beiden älteren Söhnen und dem Dummling abspielt:

Das innere Dilemma beginnt in dem Moment, wo das Neue sich zeigt. Dies entspricht im Märchen dem Augenblick, wo der Dummling den schönsten Teppich bringt. Die Brüder fühlen sich in Frage gestellt. Plötzlich befällt sie Angst. Sie befürchten, ihre Vormachtstellung zu verlieren. Dies lässt sie rigide und intrigant werden.

Übersetzt in die Situation eines persönlichen Umbruchs erheben sich unweigerlich die Stimmen der «Brüder». Man hört sie in den Aussagen von Bekannten und Freunden. Aber es sind auch innere Stimmen:

– Das darfst du dir nicht erlauben!

– Du darfst doch nicht einfach weglaufen!

– Du ruinierst dich finanziell!

– Das ist Phantasterei!

– Du darfst nicht weggehen, wir brauchen dich!

– Du darfst in deinem Alter doch nicht alles aufgeben!

– Du verleugnest deine Herkunft!

– Du machst dich lächerlich!

– Du riskierst zuviel!

– Vergiss nicht, du trägst Verantwortung!

– Du machst dich schuldig![114]

Wie im Märchen der Teppich, steht das Neue immer wieder vor Augen und lockt. Solange die Brüder dominieren, spricht die Stimme des Neuen noch im Konjunktiv: «Es wäre schön, wenn…»

Wir haben nun das Märchen in seiner zentralen Dynamik kennen gelernt. Im Folgenden wollen wir uns auf die Frage konzentrieren: Wieso braucht es in der Regel drei, in diesem Märchen sogar vier Prüfungen, bis der König endlich klar den jüngsten Sohn zu seinem Nachfolger bestimmt? Ist es nicht ärgerlich, dass der Jüngste vier Aufgaben erfolgreich lösen muss bis seine Leistung endlich anerkannt wird?

Versetzen wir uns in die Lage des Dummlings. Nachdem sein Einsatz ohne Belohnung geblieben ist, könnte er gekränkt und trotzig sein. Er könnte resignieren oder sich abwenden und davon laufen. Nichts dergleichen geschieht. Klaglos erfüllt er Aufgabe um Aufgabe und bleibt seinem Weg treu. Es ist anzunehmen, dass der Gang ins Land der Kröten für ihn eine ganz besondere Faszination ausübt. Mittlerweile ist er auch mit dieser Welt vertraut. Die Aufgaben werden zunehmend anspruchsvoller. Er erstarkt mit ihnen, und seine Sicherheit wächst.

Stellen wir uns für einen Moment vor, der König würde schon nach der ersten Prüfung den Dummling als Nachfolger einsetzen: Der ganze Zorn der älteren Brüder würde sich über den Jüngsten ergießen. Der König wäre noch nicht in der Lage, sich voll und ganz hinter seinen Entscheid zu stellen. Womöglich würde er einem eventuellen Putschversuch der älteren Brüder keinen großen Widerstand entgegen setzen. Schließlich hätte der Dummling selbst noch zu wenig Vertrauen in seine eigenen Kräfte. Er wäre zu schwach und zu unerfahren, um sich wehren zu können.

Das entspricht der Situation eines Menschen, welcher sich vorschnell für eine neue Idee entscheidet. Beispielsweise wandert er aus nach Brasilien. Mit ein paar Brocken Portugiesisch versucht er, sich durchzuschlagen, ohne die Brasilianer richtig zu verstehen. Es häufen sich Missverständnisse. Er wird bestohlen und betrogen. Noch ehe er sich richtig niedergelassen hat, reist er enttäuscht in sein Heimatland zurück.

Ein anderes Beispiel: Eine Frau in mittleren Jahren verliebt sich während eines Weiterbildungskurses in einen Kollegen. Im ersten Feuer der Verliebtheit verlässt sie Mann und Kinder und zieht mit dem neuen Freund zusammen. Nach kurzer Zeit quält sie das Heimweh, sie kehrt zurück zu Mann und Kindern. Dort aber erwarten sie wieder die alten Probleme.

Von da her gesehen machen die vier Prüfungen im Märchen Sinn. Sie ermöglichen dem dritten Sohn, Erfahrungen zu sammeln. Er erkennt mehr und mehr seine Fähigkeiten und gewinnt an Selbstvertrauen. So kann er aus der Rolle des Dummlings herauswachsen

Auch der alte König verändert seine Haltung. Er vertraut zunehmend seinem dritten Sohn und kann sich schließlich gegen den Widerstand der älteren Söhne durchsetzen. Die beiden Brüder bleiben in ihrer uneinsichtigen Haltung stecken, bis sie aufgeben müssen. Das Kräfteverhältnis innerhalb der Königsfamilie ändert sich dadurch dramatisch.

Bezogen auf das Phasenmodell ergibt sich eine ganz besondere Dynamik zwischen der Phase der Arbeit und der Verifikation. Die Zeit der Arbeit endet sehr erfolgreich. Der Jüngste erbringt eine außergewöhnliche Leistung. Diese wird zwar gesehen, aber sie wird nicht anerkannt – König wird er deswegen noch lange nicht. Die Verifikation ist doppelbödig: das Umfeld ist noch nicht reif, um die gebührende Anerkennung zu geben. Dem Dummling ergeht es wie manchem Künstler, dessen Werk seiner Zeit voraus ist, und der oft erst sehr viel später gewürdigt wird.

Wie sieht es aus, wenn sich diese dramatische Auseinandersetzung innerhalb der Psyche eines einzelnen Menschen abspielt? Er tut einen Schritt vorwärts, erschrickt, krebst zurück, wagt es nochmals, verbrennt sich die Finger, schreckt wieder zurück, rafft sich nochmals auf – und siehe da, es gelingt.

Gibt es im Märchen eine Zeit der Erholung? Diese Phase gewinnt hier eine besondere Bedeutung. Der umfassendere Begriff der Erneuerung ist angebracht. Diese Erneuerung spielt sich gleichzeitig in drei Bereichen ab. Der junge König nimmt den Platz seines Vaters ein. Er verheiratet sich mit der erlösten jungen Frau. Weibliche und männliche Kräfte kommen in ein fruchtbares Gleichgewicht. Dadurch wird das Weibliche aufgewertet. Die beiden Brüder verlieren ihre destruktive Macht. Die Stagnation ist durchbrochen, neue Energie fließt. Es ist wie ein Frühling nach dem Winter.

ZUSAMMENFASSUNG

Unsere anfängliche Frage lautete: Wie weit wird in dieser Geschichte ein kreativer Prozess sichtbar? Und können wir Phasen erkennen?

• Tatsächlich lassen sich Phasen feststellen. Grundsätzlich ist die Abfolge der Phasen immer dieselbe. Sie entspricht dem Gesetz des Wachstums, die Reihenfolge lässt sich nie umkehren.

• Es zeigen sich jedoch Wiederholungen von Teilabläufen. Schwierigkeiten in der Verifikationsphase bewirken, dass die Arbeit mehrfach wiederholt werden muss.

Vorbereitung

Inkubation

Moment der Erkenntnis

Zeit der Arbeit

Verifikation

Vorbereitung

Inkubation

Zeit der Arbeit

Verifikation

Vorbereitung

Inkubation

Zeit der Arbeit

Erholung

• Das Neue muss sich gegen viel Widerstand durchsetzen, deshalb die Wiederholungen von Teilabläufen. Dies ist sinnvoll. Die Persönlichkeit des Prinzen erstarkt dadurch. Reifungsschritte können nicht abgekürzt werden. Es braucht Zeit, bis eine neue Lebenshaltung integriert ist.

• Drei Phasen habe eine andere Qualität, als wie wir sie aus dem kreativen Prozess kennen: Arbeit und Verifikation zusammen sind geprägt von großer Ambivalenz. Der Widerstreit zwischen bewahrenden und vorwärts strebenden Kräften führt zu einer besonderen Gangart: Schritt vorwärts, Schrittchen zurück, Schritt vorwärts, Schrittchen zurück usw. Umbruchszeiten wirken sowohl gesellschaftlich als auch im persönlichen Bereich verunsichernd. Das Hin und Her von vorwärts und rückwärts dient der Stabilisierung des Neuen.

• Die Zeit der Erholung hat hier eine spezielle Qualität, sie entspricht einer Erneuerung. Auf politischer Ebene kann man sich eine Situation vorstellen, in der nach langwierigen Verhandlungen zwischen verfeindeten Parteien schließlich ein Friedensabkommen unterzeichnet wird und das Land aufblüht. Spielt sich die Auseinandersetzung innerpsychisch ab, so erlebt man sich wie verjüngt und beschwingt, erfüllt von neu fließender Energie.

• Unsere Frage, warum ausgerechnet der Dummling König wird, hat sich auch beantwortet. In der Gestalt des wissenden Dummlings wird uns vor Augen geführt, welche Eigenschaften und Haltungen in Umbruchszeiten hilfreich sind. Fassen wir die Züge zusammen, welche seine Persönlichkeit prägen.

———— Er ist offen; offen für das Unwahrscheinliche, das Unmögliche.

———— Er maßt sich keine Werturteile an.

———— Er hat kein Konzept, keine vorgefassten Meinungen, ist unbefangen.

———— Er nimmt an, was ist.

———— Er ist hingabefähig, lässt sich führen, ist demütig.

———— Er kann innehalten, hält Unsicherheit aus, ohne etwas tun zu müssen.

———— Er ist achtsam.

———— Er intrigiert nicht.

———— Er lässt Gefühle zu, Gefühle von Trauer, Enttäuschung, Resignation und Freude.

———— Er fällt bei Misserfolgen weder in Selbstzweifel noch in Wut. Er bleibt bei sich.

• Weshalb scheitern die beiden älteren Brüder? Ihr erklärtes Ziel ist, König zu werden. Im Bestreben, zu Macht und Ansehen zu gelangen, werden sie unachtsam und herzlos. Der Wunsch nach Anerkennung ist eine Triebfeder des Egos. Wie stark und wie einflussreich dieses Ego im Einzelnen und in der Gesellschaft ist, verdeutlicht die Tatsache dass in Märchen wie diesem immer zwei Brüder vorkommen. Offenbar hat einer allein zu wenig Gewicht. Die Brüder verkörpern das Beharrungsvermögen innerhalb eines herrschenden Systems, den Widerstand gegen alles Neue.

• Zunächst haben in jeder Umbruchszeit innerlich die Brüder die Oberhand. In diesem Zustand haben wir nur ein weit entferntes Ziel im Auge, die Gegenwart wird als schal und bedeutungslos erlebt. Gefühle der Leere und der Sinnlosigkeit stellen sich ein. Selbstentfremdung prägt das Lebensgefühl. Das lässt unachtsam werden gegenüber der Umwelt und den Mitmenschen.

Auch der jüngste Sohn möchte König werden. Je mehr der innere Dummling erstarkt, desto farbiger erscheint die Welt. Diesen Widerstreit zwischen den beharrenden und den vorwärts strebenden Kräften können wir sowohl innerpsychisch, als auch in der äußeren Realität beobachten.

Der Kampf der Brüder wird vor dem alten König ausgetragen. Dieser verkörpert das Zentrum der Persönlichkeit oder eines Systems im Umbruch. Er schwankt zwischen dem Wunsch nach Erneuerung und der Angst davor. Allmählich erstarkt der jüngste Sohn und übernimmt die Führung.

• Innerpsychisch gesehen, wird so der Dummling zum wegweisenden Piloten in der vorübergehenden Verunsicherung der Umbruchszeiten.

Im Rückblick möchte ich nochmals zusammenfassen, dass es uns ein Anliegen ist, das Verständnis für künstlerisch und existentiell Gestaltende zu vertiefen. Es ist beunruhigend, zu sehen, wie schnell heute ungewohnte Bewusstseinszustände pathologisiert werden, wie z.B. ein vom Aha-Erlebnis Ergriffener als psychotisch eingestuft wird und ein anderer wegen der starken Energieschwankungen vorschnell die Diagnose einer manisch-depressiven Psychose erhält, usw.

Es gibt einen fließenden Übergang zwischen dem Gesunden und dem Kranken und häufig ist es nicht leicht, das eine von dem anderen abzugrenzen. Erschwerend kommt dazu, dass diese Frage oft erst im Nachhinein beantwortet werden kann. Meistens legitimieren erst die Früchte der Arbeit den vorangegangenen Grenzzustand. Es ist ein Anliegen dieses Buches, mehr Verständnis für die ganze Bandbreite von Verhaltensweisen zu schaffen, welche notwendig sind, um einen kreativen Prozess fruchtbar zu durchlaufen.

Wir haben das Buch in einer einfachen, allgemeinverständlichen Sprache geschrieben, so dass es nicht nur für Fachleute, sondern auch für Laien zugänglich ist. Gleichzeitig haben wir den neuesten Stand der Wissenschaft berücksichtigt. Die Wissenschaftlichkeit unserer Arbeit war uns ein Anliegen. Kreative Abläufe sind in ihrer Unwiederholbarkeit hermeneutische Prozesse. Sie sind nicht mit dem naturwissenschaftlichen Ansatz fassbar. Man kann sie jedoch beobachten, mitteilen und diskutieren. Das ist der Ansatz der humanistischen Forschung. Ihn haben wir verwendet und auf empirische und naturalistische Art geforscht. So hoffen wir, dass unsere Ausführungen allen einbezogenen Wissenschaftsgebieten dienen werden.

Noch sind Grenzzustände des Bewusstseins wie der synchronistische Zustand in der Vorbereitungsphase, die Zeit des Brütens in der Inkubation, das Ergriffensein im Moment der Erkenntnis und das Eintauchen in den Flow nicht neuropsychologisch erfasst worden. Die Neuropsychologie hat sich mit Schlaf, Ohnmacht, Meditation usw. befasst. Sie stellt fest, dass Kreativität die Summe der Hirnleistungen des Großhirns umfasst, und das Ausmaß der Fähigkeit, neue Verbindungen zu schaffen, kann gemessen werden. Dabei handelt es sich um die grundlegende kreative Veranlagung. Hier wären weitere Forschungsarbeiten von großem Interesse.

In der Vermittlung der Gestaltung, in der Pädagogik, wäre es denkbar und wünschenswert, auf Grund dieser Arbeit einerseits eine Folgearbeit in Feldforschung zu konzipieren, andererseits didaktische Lehrmittel zu entwickeln.

Die Herausgabe dieses Buches wurde durch die wohlwollende Unterstützung der STEO Stifung Zürich, der USB St. Gallen und des integrativen Ausildungszentrums Zürich IAC ermöglicht.

Zuletzt möchte ich noch anfügen, dass Heidi Werder gleich nach dem Niederschreiben des allerletzten Satzes dieses Buches schwer erkrankte und kurz darauf, im Juni 2005, gestorben ist. Ich bin dankbar, dass ich diese fruchtbare Zeit der Zusammenarbeit erleben durfte und bedauere sehr, dass Heidi Werder das Erscheinen dieses Buches nicht mehr miterleben kann.

Claudia Schuh
Zürich im Februar 2006

ANHANG

ANMERKUNGEN

1 [Werder und Schlumpf, 2000]

2 1967 hat Anton Ehrenzweig auf psycho-
analytischem Hintergrund ein Drei-Phasen-
Modell entwickelt. Er bezieht sich auf die
Freud'sche Analytikerin Melanie Klein. Noch
verwendet er den zu jener Zeit üblichen
Wortschatz, der bei psychischen Erkrankungen gebraucht wurde. Er beschreibt die
kreative Arbeit als Integration abgespalte-
ner Persönlichkeitsanteile. [Ehrenzweig,
1967]
Zehn Jahre später hat der Didaktiker Gun-
ter Otto ein Modell mit vier Phasen veröffentlicht. [Otto, 1974] Damit hat er ein päd-
agogisches Konzept entwickelt, um
Gestaltende zu begleiten.
1989 veröffentlichte die Jung'sche Psycho-
login Olga Rinne ebenfalls ein Vier-Phasen-
Modell. [Rinne, 1989] Sie unterscheidet die
Vorbereitungsphase, die Inkubationsphase,
die Illumination, und die Kommunikations-
/Verifikationsphase. Sie wendet sich in ihrem Ratgeber an kreativ arbeitende Frauen.
Ihr Fokus richtet sich auf einen speziellen
Frauentyp. In unserer typologischen Diffe-
renzierung entspricht er dem beziehungs-
orientierten Typ.
1997 hat der Pädagoge Reinhard Sellnow
ein Drei-Phasen-Modell vorgestellt. [Sell-
now, 1997]. Er unterscheidet die Kritikpha-
se/Bestandsaufnahme, die
Phantasiephase/Ideensuche, und schließlich
die Verwirklichungsphase/Umsetzung.
Das Thema ist noch immer aktuell. Seit
dem Jahr 2000 befassen sich mehrere Do-
zentInnen der Pädagogischen Hochschule
[Hellmüller und Mätzler, 2000; Wanzenried,
2004] und des Didaktischen Institutes Solothurn mit Phasentheorien [Keller, 2000].

3 In den Werken der klassischen Moderne und der Gegenwartskunst finden wir viele Bezüge zum persönlichen Erleben einer gestalterischen Arbeit. Hier seien – neben vielen anderen – nur einige wenige erwähnt:
• Marc Chagall «L'Apparition» 1924-25
• Paul Klee «geöffnet» 1933, «Das Tor zur Tiefe» 1936, «eine Formel des Künstlers» 1937, «Stockung trotz Rad» 1939 usw.
• Joseph Beuys, «Das Hasengrab» 1964/80 Installation Galerie Schelma Düsseldorf, «Das Kapital Raum» 1970-77, Biennale von Venedig 1980
• Bruce Naumann, Selfportrait as a Fountain 1966-67
• Maurizio Cattelan (dessen drei Werke wir abgebildet haben)
Untitled 2002 Taxidermiss donkey (S. 147)
Untitled 1997 Wardrobe door (S. 149)
Untitled 1997 Rectangular hole, pile of removed earth (S. 169)

4 Angelika Kauffmann wurde 1741 in Chur geboren und ist in Morbegno (Lombardei), Schwarzenberg (Vorarlberg), Como und Mailand aufgewachsen. Sie hatte eine Doppelbegabung in Musik und Malerei. Durch den Einfluss ihres als Portrait- und Kirchenmaler tätigen Vaters entschloss sie sich zur Malerei. Als 22-jährige wurde sie bereits Ehrenmitglied der Akademien in Bologna und Florenz. Von 1766–1781 lebte und arbeitete sie in London, wo sie auch Mitglied der Royal Academy wurde. Mit 40 Jahren heiratete sie den um 15 Jahre älteren venezianischen Maler Antonio Zucchi. Von 1782 bis zu ihrem Tod 1802 lebte sie in Rom. Angebote einer gesicherten Stelle als Hofmalerin lehnte sie ab.

5 Kauffmann Angelika, «Entwurf», 1780, Deckengemälde, Royal Academy of Arts, London.
Angelika Kauffmann hat eine ganze Reihe von Selbstportraits gemacht, so wie es viele ihrer männlichen Zeitgenossen zu tun pflegten. Unter anderem hat sie sich inszeniert als Malende oder Zeichnende und sich damit als Künstlerin profiliert. Die Verbindung von weiblicher Anmut und Schönheit mit dem gezielten Blick der Gestaltenden ergibt ein gewolltes Spannungsfeld und überschreitet die gängige Geschlechterrolle. Die kleine Skizze, die wir zeigen, ist eine dieser inszenierten Selbstdarstellungen, in der sie ihre Zeichnungen den Freundinnen zeigt. Die vier Deckengemälde der Royal Academy hingegen sind allegorische Darstellungen, welche wohl ihre Gesichtszüge tragen, aber gleichzeitig sehr idealisierend und teilweise der Realität enthoben sind.

6 [Ciompi, 2002] und [Ciompi, 1997]

7 Mündliche Mitteilung

8 In [Grimm und Grimm, 1946] gibt es eine ganze Reihe von Märchen, in denen der sogenannte Dummling erfolgreich ist:
«Märchen von einem, der auszog das Fürchten zu lernen», «Tischlein deck dich», «Der goldene Vogel», «Die drei Federn», «Die Bienenkönigin», «Das Wasser des Lebens», «Der arme Müllerbursche und das Kätzchen», «Der Vogel Greif» und das «Das Meerkätzchen».

9 «Die drei Federn» aus [Grimm und Grimm, 1946]

10 [Edwards, 1979 und 1982]

11 [Janet, 1909]

12 Das Rollenverständnis früherer Generationen hat Männern viel mehr Freiraum zugestanden als den Frauen. Von daher ist es wenig verwunderlich, dass nur wenige Frauen künstlerisch tätig sein konnten. Sie hatten den Freiraum nicht, oder sie wurden abgestempelt als seltsam, als Außenseiterinnen, Spinnerinnen und zum Teil psychiatrisiert (z.B. Camille Claudel). Der Weg ins Kloster war eine mögliche Lösung (Hildegard von Bingen).

13 Studierende der Hochschule für Gestaltung und Kunst Zürich wurden zwischen 1996 und 2003 mit Hilfe von Fragebogen, von Diskussionen und von schriftlich festgehaltenen Reflexionen befragt.

14 Jassen ist ein Schweizer Kartenspiel

15 C. G. Jung [Jung, 1973] verweist auf Pierre Janet.

16 In der Psychiatrie wird von Dämmerzuständen gesprochen. Damit sind krankhafte Grenzzustände gemeint.

17 Studierende der Hochschule für Gestaltung und Kunst Zürich

18 s. o.

19 Aus einem Interview mit C. G. Jung, «Selbsterkenntnis und Tiefenpsychologie», Sept. 1943 der Zeitschrift «Du»

20 [Jung, 1978], entspricht Jungs Beitrag in [Wilhelm, 1929]

21 Henry Cartier-Bresson – Biografie eines Blicks. Film von Heinz Bütler (2003), der den 95 jährigen Henry Cartier-Bresson durch seine Arbeiten blättern und erzählen lässt.

22 [Herrigel, 1992] Aus der Einleitung von Daisetz T. Suzuki: «Einer der wesentlichsten Faktoren in der Ausübung des Bogenschiessens und jener anderen Künste, die in Japan und wahrscheinlich auch in anderen fernöstlichen Ländern ausgeführt werden, ist die Tatsache, dass sie keinen nützlichen Zwecken dienen, auch nicht zum rein ästhetischen Vergnügen gedacht sind, sondern eine Schulung des Bewusstseins bedeuten und dieses in Beziehung zur letzten Wirklichkeit bringen sollen. So wird Bogenschiessen nicht allein geübt, um die Scheibe zu treffen, das Schwert nicht geschwungen, um den Gegner nieder zu werfen; der Tänzer tanzt nicht nur, um rhythmische Bewegungen des Körpers auszuführen, sondern vor allem soll das Bewusstsein dem Unbewussten harmonisch angeglichen werden.
Um wirklich Meister des Bogenschiessens zu sein, genügt technische Kenntnis nicht. Die Technik muss überschritten werden, so dass das Können zu einer «nicht gekonnten Kunst» wird, die aus dem Unbewussten erwächst.
In Bezug auf das Bogenschiessen bedeutet dies, dass Schütze und Scheibe nicht mehr zwei entgegengesetzte Dinge sind, sondern eine einzige Wirklichkeit. Der Bogenschütze ist nicht mehr seiner selbst bewusst, als stünde ihm die Aufgabe zu, die Scheibe zu treffen. Dieser Zustand der Unbewusstheit wird aber nur erreicht, wenn er von seinem Selbst vollkommen frei und gelöst ist (In der Jung'schen Psychologie würden wir sagen : von seinem Ich vollkommen gelöst. Anm. der Autorinnen); wenn er eins ist mit der Vollkommenheit seiner technischen Geschicklichkeit. Dies ist etwas vollkommen anderes als jeder Fortschritt, der in der Kunst des Bogenschiessens erreicht werden könnte.

Dieses andere, das einer ganz anderen Ordnung angehört, wird *satori* genannt. Es ist Intuition, die aber vollkommen verschieden ist von dem was gemeinhin Intuition genannt wird. Darum nenne ich sie *prajna* – Intuition. *Prajna* kann als «transzendente Weisheit» bezeichnet werden. Aber auch dieser Ausdruck vermag nicht alle Tönungen wiederzugeben, die in dieser Bezeichnung enthalten sind, denn *Prajna* ist eine Intuition, die sofort die Totalität und Individualität aller Dinge erfasst. Es ist eine Intuition, die ohne jede Meditation erkennt, dass Zero unendlich ist (-) und Unendlichkeit Zero ist (-); und dies ist nicht symbolisch oder mathematisch gemeint, sondern eine unmittelbar wahrnehmbare Erfahrung. *Satori* ist deshalb, psychologisch gesprochen, ein Jenseits der Grenzen des Ichs».

23 Falk Richter im Tages-Anzeiger Zürich, 3. Jan 2003 «Der Anfang ist immer die schönste Zeit»:

«Der Anfang: eher ein Gefühl für die Sache, noch kein klares Konzept, der Anfang einer Suche, erst mal umschauen in jede Richtung, alles absuchen, alles durchwühlen, so ungefähr ahnen, dass man jetzt kurz mal die Welt als ganzes begreifen will zumindest den aktuellen Stand der Dinge. Ein leerer Schreibtisch, der sich innerhalb von Stunden und Tagen füllt und überquillt, bis ich selbst nicht mehr durchsteige.

Ich laufe immer wieder zum Bücherregal und ziehe immer wieder neue Bücher heraus. Ein Satz erinnert mich an ein Stück, das ich vor Jahren gelesen habe, ich stelle eine Musik an, höre immer wieder den selben Track, Erinnerungen, Bilder, Fernseher: Tagespolitik, aha, George W. fälscht das Wahlergebnis, aha, die Ölindustrie bereitet einen Krieg im Irak vor, wäre das ein Thema? Madonna hat ein neues Video: "I'm gonna wake up, yes and no", schöne Zeilen, sehr gut. Telefon ausschalten, das lenkt nur ab. Tageszeitung? Nein, lieber nicht. Was schreiben denn die Kollegen? Mal gucken: Rainald Goetz, Ravenhill, Caryl Churchill, ich rufe den Verlag an, lass mir die neusten Texte schicken, Klone und Kindheitstraumen, Bilder des Krieges, Krieg der Bilder, Börsencrashs, Access, Trade, lesen, Skizzen, erste Notizen, Kurzmonologe, nachts viel CNN gucken, schreiben, nee ist schlecht, bloß schnell löschen, schlaflose Nächte, ich sitze am Schreibtisch bis acht Uhr morgens, irgendwie asozial, keine Telefonate mehr, Ruhe, erste Notizen.

Aha! Der Anfang! Nein, ich breche alles ab, nicht gut genug, alte Aufzeichnungen lesen, etwa fünfzig angefangene Texte, alle abgebrochen, ergibt alles keinen Zusammenhang, oder vielleicht doch? Ich schmeiße alles vom Tisch, suche im Computer, ah, guck mal,: vor vier Wochen hast Du diese eine Szene geschrieben. War die gut? Ja! Ehrlich? Ja, ehrlich.

Computer an, und dann – so wie bei meinem neuen Stück "Electronic City" – ist plötzlich das Stück da an einem Tag. Am Nachmittag beginne ich, irgendwann morgens breche ich ab, schlafe kurz, schreibe weiter, das alles wirkt dann wie ein Tag, keine Ahnung wie viele Tage das wirklich sind. Wenn der Anfang gemacht ist, bricht es erstmal nicht mehr ab. Der Anfang ist immer die schönste Zeit, weil man so durch alle Ideen und Themen reist, überall reinschaut, in jede Richtung denkt und sucht, und eigentlich tausend Stücke im Kopf entwirft und immer hoffen kann, dass sich das eigene Gehirn irgendwo hinschreibt, wo es noch nie war.»

24 [Picasso, 1923]

25 Kauffmann Angelika, «Komposition» 1780, Deckengemälde, Royal Academy of Arts, London

26 Studierende der Hochschule für Gestaltung und Kunst Zürich

27 s. o.

28 Znüni: ein Imbiss am Vormittag

29 Dürer Albrecht, «Die Melancholie» (Melencolia I), 1514, Kupferstich

30 Im ICD 10, Internationale Klassifikation psychischer Störungen, findet man die Depression unter F43.20 beschrieben als: »Kurze depressive Reaktion: Ein vorübergehender leichter depressiver Zustand, der nicht länger als einen Monat dauert.« Weiter unter F43.21: «Längere depressive Reaktion: Ein leichter depressiver Zustand als Reaktion auf eine anhaltende Belastungssituation, der aber nicht länger als zwei Jahre dauert.»

31 Studierende der Hochschule für Gestaltung und Kunst Zürich

32 Ein Symbol ist die prägnanteste Ausdrucksform für einen relativ unbewussten Inhalt. Es ist mehrdeutig und formuliert noch Unbewusstes, Geahntes. Immer vermutet man neben dem einleuchtenden einen verborgenen Sinn, der wichtig ist. Es steigt aus einer mehr oder weniger tiefen Schicht des Unbewussten auf.

33 «Das Rumpelstilzchen» in [Grimm und Grimm, 1946]

34 [Jung, 1976]

35 [Binnig, 1989] Der Physiker Gerd Binnig setzt Kreativität in der Kunst und in der Wissenschaft gleich. Er sagt: der Stoff ist unterschiedlich, das Spiel ist das Gleiche.

36 Mock Elmar, Creaholik, Biel. Podiumsgespräch anlässlich der Ausstellung «Be Creative! Der kreative Imperativ», Hochschule für Gestaltung und Kunst Zürich, 30.11.02–16.2.03

37 Mündliche Mitteilung

38 Kauffmann Angelika, «Erfindung (Genius)», 1780, Deckengemälde, Royal Academy of Arts, London

39 Das große Duden-Lexikon, Bibliographisches Institut, Mannheim 1966: Gemäß der griechischen Mythologie sind die neun Musen die Töchter des Zeus und der Mnemosyne. Mnemosyne ist Tochter von Uranos und Gäa. Sie verkörpert Gedächtnis und Erinnerung.
Die Musen sind Göttinnen der Künste:
• Erato: Muse der Lyrik, bes. der Liebesdichtung. In der bildenden Kunst meist mit einer Leier dargestellt.
• Euterpe: Muse der lyrischen Poesie und des lyrischen Gesangs; im dionysischen Kult mit Flöte dargestellt.
• Kalliope, die Schönäugige: Muse der erzählenden Dichtkunst, mit Tafel oder Buchrolle und Griffel dargestellt.
• Klio: Muse der Geschichtsschreibung
• Melpomene: Muse der Tragödie
• Polyhymnia: Muse des ernsten Gesanges.
• Terpsichore: Muse des Tanzes und des Chorgesanges
• Thalia: Muse der heiteren Dichtkunst und des Lustspiels.
• Urania: Muse der Astronomie. Auch Beiname der Aphrodite
Ursprünglich gab es eine einzige Muse. Bereits bei Homer werden sie in der Mehrzahl genannt.

40 [Hunger, 1974]: «Pegasos, geflügeltes Ross, Abkömmling des Poseidon und der Medusa.
Als Perseus der Medusa das Haupt abschlägt, springt P. aus ihrem Rumpfe hervor. Durch seinen Hufschlag entstehen die Quellen Hippukrene in Boitien und Peirene bei Korinth. – P. trägt den Bellerophon bei seinem Kampfe gegen die Chimaira. Nach dem Todessturze Bellerophons steigt der P. zum Himmel empor; als Sternbild steht er zwischen Andromeda und Wassermann.
Da die Quelle Hippukrene auf dem Musenberg Helikon gelegen ist, entstand später die Vorstellung von P. als Dichterross.»

41 Studierende der Hochschule für Gestaltung und Kunst Zürich

42 [Kankeleit, 1959]. Umfrage von Platt und Baker, die dem Wesen der Gedankenblitze nachgegangen sind.

43 Tages-Anzeiger, 17.11.2000, Peter von Matt über Dürrenmatt: «Ich zähle Dürrenmatt zu jenen Schriftstellern, die nicht von der Sprache her kommen, die sich viel mehr mühsam zur Sprache bringen müssen. Nicht weil ihre Sprache dem Stoff nicht gewachsen wäre: Ihre Stoffe sind der Sprache nicht gewachsen, außerhalb von ihr angesiedelt, im Vorsprachlichen, noch nicht genau gedachten, im Bildhaften, Visionären.» Dürrenmatt selbst sagt: «Nicht meine Gedanken erzwingen meine Bilder, meine Bilder erzwingen meine Gedanken. So zielt meine Schriftstellerei von mir weg.» Und weiter: «Ein Stoff, auf den wir einmal stießen, entlässt uns nie mehr. Wir bleiben in seiner Schwerkraft hangen.»

44 Mündliche Mitteilung

45 [Jung, 1977]

46 Mit John Berger sprach Martin Schaub, Tages Anzeiger Zürich, 27.1.99

47 [Visser, 2002]

48 [Margolis, 1998]

49 Ophanims sind Verkörperungen von Engeln oder von Botschaften in einem religiösen Zusammenhang

50 [Grimm und Grimm, 1946].

51 Die verschiedenen Grenzzustände, welche wir im Ablauf eines kreativen Prozesses beobachten können, (die Konzentration im Synchronistischen, das unbewusste Arbeiten während der Inkubation, die Ekstase und die Entrücktheit im Flow) sind wissenschaftlich noch nicht erforscht.
Zu Anfangszeiten der Elektroencephalographie wurden Hirnstrommessungen an Personen mit angeblich paranormaler Begabung vorgenommen.
Der Neuropsychologe Peter Brugger erwähnt diese Studie im Artikel «Das paranormale Gehirn», Neue Zürcher Zeitung 29.12.01 Auch die Hirnströme von Meditierenden wurden gemessen. Dan Goleman schreibt in seinem Buch «Die heilende Kraft der Gefühle» [Goleman, 1997]: «Bis jetzt haben wir noch keine sehr befriedigenden Untersuchungen zur Gehirntätigkeit im Zustand gerichteter Aufmerksamkeit. Allerdings liegen zu den «Vipassana»-Übungen einige gute Arbeiten vor. Die Ergebnisse sind allgemein folgende: Die Ruhe-Übungen wirken sich physiologisch beruhigend aus, der Herzrhythmus verlangsamt sich, und die körperlichen Stoffwechselvorgänge laufen langsamer ab.» Die Ergebnisse der elektroencephalographischen Untersuchungen werden nicht erwähnt.

52 Im ICD 10, Internationale Klassifikation psychischer Störungen, findet man unter F30.1 die Beschreibung einer Manie: «Die Stimmung ist situationsadäquat gehoben und kann zwischen sorgloser Heiterkeit und fast unkontrollierbarer Erregung schwanken. Die gehobene Stimmung ist mit vermehrtem Antrieb verbunden und führt zu Überaktivität, Rededrang und vermindertem Schlafbedürfnis. Übliche soziale Hemmungen gehen verloren, die Aufmerksamkeit kann nicht mehr aufrechterhalten werden, statt dessenstattdessen kommt es zu oft starker Ablenkbarkeit. Die Selbsteinschätzung ist überhöht, Größenideen oder maßloser Optimismus werden frei geäußert. Wahrnehmungsstörungen, wie etwa die Einschätzung von Farben als besonders lebhaft und meist schön können vorkommen, ferner eine Beschäftigung mit feinen Einzelheiten von Oberflächenstrukturen und Geweben und eine subjektive Hyperakusis. Die betreffende Person kann überspannte und undurchführbare Projekte beginnen, leichtsinnig Geld ausgeben oder bei völlig unpassender Gelegenheit aggressiv, verliebt scherzhaft werden. In einigen manischen Episoden ist die Stimmung eher gereizt und misstrauisch als gehoben. Die erste Episode tritt im Allgemeinen zwischen dem 15. und 30. Lebensjahr auf, aber auch in jedem Alter zwischen der späten Kindheit und dem 7. oder 8. Lebensjahrzehnt.»

53 Im ICD 10, Internationale Klassifikation psychischer Störungen, findet man unter F31 die Beschreibung bipolarer affektiver Störungen: «Hierbei handelt es sich um eine Störung, die durch wiederholte (d.h. wenigstens zwei) Episoden charakteristisch ist, in denen Stimmungen und Aktivitätsniveau des Betreffenden deutlich gestört

sind. Bei dieser Störung treten einmal eine gehobene Stimmung, vermehrter Antrieb und Aktivität (Manie und Hypomanie) auf, dann wieder eine Stimmungssenkung, verminderter Antrieb und Aktivität (Depression). Charakteristischerweise ist die Besserung zwischen den Episoden vollständig. Die Inzidenz der Erkrankung ist, verglichen mit anderen affektiven Störungen, bei beiden Geschlechtern nahezu gleich. Patienten mit ausschließlich manischen Episoden sind vergleichsweise selten. Sie werden als bipolar (F31.xx2) klassifiziert, da sie den Patienten, die wenigstens gelegentlich auch depressive Episoden erleben, in Familienanamnese, prämorbider Persönlichkeit, Krankheitsbeginn und langfristiger Prognose ähneln.»
Stellen wir uns vor, wie ein Mensch in der Inkubationszeit auf seine Umgebung wirkt. Untätig, wie gelähmt, wie abwesend. Er wirkt zum Verwechseln ähnlich einem depressiv verstimmten Menschen. Hat er den Durchbruch einer faszinierenden Idee erlebt und beginnt, sie in rasendem Eifer umzusetzen, so könnten man vermuten, er sei nun manisch geworden. Und schon hat er fälschlicherweise die Diagnose einer bipolaren affektiven Störung.
Weiter im ICD 10: «Manische Episoden beginnen in der Regel abrupt und dauern zwischen 2 Wochen und 4 bis 5 Monaten. Depressionen tendieren zu längerer Dauer (im Mittel etwa 6 Monate), selten allerdings länger als ein Jahr, außer bei älteren Menschen. Episoden beider Arten folgen oft einem belastenden Lebensereignis oder einem anderen psychischen Trauma. Vorhandensein oder Fehlen einer solchen Belastung ist aber für die Diagnose nicht wesentlich. Die erste Episode kann in jedem Alter, von der Kindheit bis zum hohen Alter auftreten. Die Häufigkeit von

Episoden, das Verlaufsmuster von Remission und Rückfällen ist sehr variabel, wenn auch die Intervalle im Laufe der Zeit eher kürzer werden und die Depressionen im höheren Lebensalter eher häufiger auftreten und länger werden.»

Stellen wir uns einen kreativen Menschen vor, welcher aus inneren oder äußeren Gründen nicht die Möglichkeit hat, seine Kreativität produktiv umzusetzen. Gefährlich schnell wird er als krank abgestempelt. Erst das Produkt seiner Arbeit legitimiert seine außergewöhnlichen Zustände. Diese Legitimation hat er zudem erst im Nachhinein zur Verfügung.

54 [Reich, 1975]

55 Im ICD 10, Internationale Klassifikation psychischer Störungen, findet man unter F30.21 als eine mögliche Reaktion den manischen Stupor aufgelistet.
Aha–Erlebnisse sind manchmal erschlagend stark, und es braucht Zeit, bis sie integriert werden können. In dieser Zwischenzeit wirkt man wie erstarrt und betäubt.
Unter ICD10 F06.0 werden organische Halluzinosen aufgelistet. «Eine Störung ohne Bewusstseinsstörung mit anhaltenden oder immer wieder auftretenden, meist akustischen oder optischen Halluzinationen. Sie können vom Patienten manchmal als Halluzination erkannt werden. Eine wahnhafte Verarbeitung der Halluzination kann auftreten, nicht selten ist die Einsichtsfähigkeit jedoch erhalten.»
Akustische, optische und körperlich wahrgenommene Visionen können im Lauf einer kreativen Arbeit auftreten, ohne dass eine organische Schädigung vorhanden ist.

56 [Schottenloher, 2002]

57 [Grof, 1990]

58 Peter Brugger, NZZ 29.12.01, Das paranormale Gehirn: «Kreatives Denken lässt sich definieren als das Aufdecken von Zusammenhängen zwischen Konzepten, welche nicht offensichtlich verwandt sind.» Er stellt die Frage: «Wo ist genau die Grenze zwischen kreativer und wahnhafter Beziehungsstiftung anzusetzen?»
«In dieser Frage überlappen sich die Forschungsinteressen von Psychiatrie und kognitiver Psychologie der Kreativität. Seit Eugen Bleuler, dem Schöpfer des Begriffs "Schizophrenie", ist bekannt, dass akut psychotische Personen ein auffallendes Assoziationsverhalten zeigen; sie ziehen ungewohnte, indirekte Assoziationen direkten Trivialbezügen vor, oft in einem Ausmaß, das ihnen die Diagnose einer "Denkstörung" einbringt. Die moderne Neuropsychologie hat nachweisen können, dass denkgestörte psychiatrische Patienten in der Regel keine reguläre linkshemisphärische Sprachdominanz zeigen. Ihre Beziehungsideen müssen wahrscheinlich als Ausdruck eines hyperaktiven rechtshemisphärischen Sprachsystems aufgefasst werden, dessen semantische Netzwerke diffuser organisiert sind als diejenigen der linken Gehirnhälfte. Ob hochkreative Personen eine qualitativ ähnliche funktionelle Hemisphärenorganisation zeigen, ist bisher nicht bekannt. Die Beobachtung, dass vereinzelt Patienten mit Schizophrenie bemerkenswerte literarische Werke hinterlassen haben, schließt diese Möglichkeit nicht aus.»

59 Kauffmann Angelika, «Farbe» 1780, Deckengemälde, Royal Academy of Arts, London

60 [Harlan, 1986]

61 [Csikszentmihalyi, 1975], [Csikszentmihalyi, 1985]

62 [Neumann, 1959]: «Normalerweise leben wir in einer Welt der Anstrengung und Zerstreuung zugleich. Im Erfasstwerden durch jede große Kunst kommen wir – wie durch jedes uns antreffende Schöpferische – zu einer Ruhe und Mitte, die nicht eigentlich von dieser Welt ist. Damit ist nicht Mystisches gemeint, obgleich wir auch bei Mystikern, den religiös Schöpferischen, auf das gleiche Phänomen stoßen. Aber während die Mystiker in die hintergründige Dynamik der Welt hinüber gerissen werden, in das göttliche Nichts, das die Welt belebt, erfahren die Künstler- und wir mit ihnen – die sichtbare Einheitswirklichkeit, die in diesem Nichts, von diesem Nichts und als dieses Nichts lebt, als Liebende. Die Künstler sind nicht dem Unsichtbaren allein verhaftet, sondern sind dem sich Offenbarenden, sichtbar Werdenden zugewandt...
Diese Erfahrung des sich Offenbarenden ebenso wie die des in ihm lebendigen Unbeschreibbaren ist eine Erfahrung des Eros; in diesem Sinne sind die Künstler Liebhaber Gottes und Liebhaber der Welt in einem, wobei Liebhaber sein heißt, sich vereinigen können und nicht bei sich bleiben. Die Vereinigung durch den Eros, in der die Einheitswirklichkeit auftaucht, ist aber kein mythisches Verschwinden des Menschlichen, sondern ein verstärktes Dasein. Wohl ist in dieser Erfahrung ein Eros der menschlichen Ganzheit lebendig, nicht einer des Ich; aber dieses Ich als ein Abkömmling des Selbst lässt in seiner Gestaltung gerade den Aspekt des hinter ihm stehenden Ganzen, des Selbst, sichtbar und schöpferisch werden.»

63 Studierende der Hochschule für Gestaltung und Kunst, Zürich

64 [Morgenstern, 1984] Motto über den Galgenliedern

65 [Edwards, 1979]

66 [Reich, 1975]

67 In dieser Episode wirkt Brahms wie ein Kind. Dennoch bleibt er erwachsen. Sein Zustand unterscheidet sich von einer neurotischen Regression in kindliche Verhaltensweisen insofern, als der innere Anteil am Erwachsen-Sein erhalten bleibt.

68 Tages-Anzeiger, 25.10.2002 Wolfgang Hilbig erhält am Samstag den Georg-Büchner-Preis.
«Wann hatten sie zum ersten Mal eine Idee von Literatur?»
«Ich habe immer schon geschrieben. Als Kind habe ich zuerst so Heftserien geschrieben, die wurden in der Schule vertrieben, mit "Fortsetzung folgt" am Schluss. Ein Freund hat die Titelseiten gezeichnet. Das waren Heftchenromane, Wildwest. Das war teilweise brutal abgeschrieben, aber meistens selbst ausgedacht. Sogar manche Lehrer haben die gelesen, obwohl es eigentlich verboten war.»
«Und wie schreiben Sie nun?»
Einen Roman fange ich an wie eine Kurzgeschichte, die ich überblicken kann. Dann gibt es aber Schwierigkeiten, und es ist schon zu spät für ein Gerüst. Ich schreibe immer von der ersten Zeile bis zur letzten alles durch.»
«Wie sieht ein Arbeitstag bei Ihnen aus?»
«Ich warte den ganzen Tag. Zuerst schreibe ich mit der Hand, dann schreibe ich es mit der Maschine ab. Notizen mache ich, aber

ich glaube, ich habe noch nie eine verwendet. Beim Abschreiben schleife ich den Text. So schnell wie ich denke, so schnell kann ich schreiben. Also langsam. Ich bin eher ein Nachtarbeiter. Das kann sich dann bis früh um neun ausdehnen. Am Ende bin ich gar nicht erschöpft, sondern ich werde immer wacher.»…

«Sind sie ein glücklicher Mensch?»
«Nee, das Leben eines Schriftstellers ist nie schön. Besonders wenn man unter Produktionszwängen leidet, die man nie richtig erfüllen kann. Ich fühle mich einfach nicht wohl, wenn ich nicht schreiben kann. Wenn ich längere Zeit nichts geschrieben habe, dann kriege ich Schwierigkeiten. Ich erhole mich beim Schreiben. Aber im Moment komme ich gar nicht dazu; der Büchner-Preis verhindert das Schreiben. Ich habe so viel Papierkram, und ich habe niemanden, der mir das macht. Ich lebe allein und ich muss alles selber machen. Außerdem bin ich noch Stadtschreiber in Bergen-Enkheim. Ich komme nur manchmal zu kleineren Texten, da blättere ich in Gedichten. Außerdem saufe ich jetzt die ganze Zeit, kann aber nur nüchtern schreiben.»

69 [Visser, 2002]

70 Motorrad fahren

71 [Meienberg,, 1974]

72 Mit John Berger sprach Martin Schaub, Tages Anzeiger Zürich, 27.1.1999

73 Studierende der Hochschule für Gestaltung und Kunst, Zürich

74 [Koeppelin, 1985] und [Sprecher, 1987]

75 Rivers and Tides – Andy Goldsworthy working with Time. Film von Thomas Riedelsheimer, D 2000

76 Nach Ilse Middendorf, Begründerin der Atemtherapie.

77 Mündliche Mitteilung von Claire Bischof-Vetter,

78 Whyte David, Tages Anzeiger Zürich 31.1.1998, Das Feuer entschlüsseln, über den Mut, seinen eigenen Weg konsequent zu Ende zu gehen.

79 Angelika Kauffmann,
Drei kunstinteressierte junge Frauen, Zeichnung um 1795

80 Disler Martin von Dieter Koepplin befragt, Kunst-Bulletin 4. April 1995: «Das Betrachten der entstandenen Bilder hat für mich viele Bedeutungen. Es sammeln sich ständig so Häufchen an von abgelegten Schlangenhäuten. Ich muss das alles durchsehen, aufhängen, ich muss hineinwandern, mich darin aufhalten, mich von mir selbst erstaunen lassen, oder eine kritische Position dazu einnehmen. Ich muss nochmals in die Zeichnungen, in das Bild ganz hineingehen. Ich muss eine Beziehung zu den entstandenen Bildern herstellen, sonst könnte ich das Zeug nie an die Öffentlichkeit herauslassen. Denn wenn es entsteht, geht es zu schnell, um es zu erfassen. Ich bin eben mitten drin im Drama, das aus der Hand fließt, werde davon gebeutelt, habe keinen Überblick. Es kommt vor, dass ich im Moment des Entstehens besetzt bin von den Gestalten, die sich in mir so brechen, dass die Zeichnungen entstehen. Wenn der Spuk dann vorbei ist, habe ich ein Gefühl, wie etwas erlitten zu haben, für das ich

nicht nur allein verantwortlich bin, sondern alle Menschen überhaupt. Dann sehe ich in die Bilder hinein, halte mich darin auf, bis sich mir der Raum erschließt. Ich würde sagen: es ist ein gnadenloses Abrichten der Augen zum Sehen. Und ich bemerke, dass, wenn ich mich bewege, ein Gesicht auf der Zeichnung oder auf dem Bild sich verändert, dass es dieselbe Lebendigkeit wiedergewinnen kann, die es hatte, während ich daran arbeitete. Das alles ist keine "Deutung", vielmehr weiß ich es plötzlich: ich sehe es! Die Gratwanderung heißt immer: kommt es tot oder lebendig aus meinen Händen heraus? Für eine winzige Zeit bin ich beim Malen selber das, was auf dem Blatt entsteht, und dann schlüpfe ich wieder in mich zurück.»
«Ich mache immer wieder die Erfahrung, dass es mindestens ein Jahr braucht, bis überhaupt jemand, außer den Personen aus meinem engsten Freundeskreis, sieht, was ich gemacht habe.»

81 Ins Deutsche übersetzt: «Das ist Scheiße. Du brauchst es gar nicht zu sehen.» «Ja, wo hast du es?» «Natürlich im Papierkorb!»

82 [Fuchs, 1998]

83 [De Mello, 1993]

84 St. Galler Tagblatt, 25.1.2003, Interview von Mathias Morgenthaler mit Matti Straub, Berater

85 Marianne Gronemeyer hat den Ausdruck von der «unbußfertigen Erneuerung» geprägt. In der «unbußfertigen Erneuerung» wird aus Fehlern nicht gelernt und das Neue nicht integriert. [Gronemeyer, 2000]

86 [Gundert, 1952]

87 [Reich, 1975]

88 Mark Rothko, Tages Anzeiger Zürich 3.2.99

89 [Kast, 1996]

90 Mündliche Mitteilung von Prof. Andreas Fanconi, ehem. ärztl. Leiter des Kinderspitals Zürich, Juli 2003

91 Mündliche Mitteilung von Robert Stoll, Kurator der Kunsthalle Basel. Die Ausstellung war die erste große Ausstellung von Werken von Alberto Giacometti, zugleich mit einer Werkschau von André Masson. Sie fand vom 6. Mai–11.Juni 1950 in den Sälen der Kunsthalle Basel statt (15 Plastiken, 10 Gemälde, 25 Zeichnungen)

92 Studierende der Hochschule für Gestaltung und Kunst Zürich

93 [Jacobi, 1971]

94 [Ausländer, 1994]

95 Kauffmann Angelika, Radierung

96 [Csikszentmihalyi, 1997]

97 [Eichhorn, 2000]

98 Siehe in Fußnote 55 den Vergleich mit der Diagnose «Bipolare Störung» nach ICD 10 F 31

99 [Reheis, 2003], [Reheis, 1998], [Baeriswil, 2000]

100 David Whyte, Das Feuer entschlüsseln, über den Mut, seinen eigenen Weg konsequent zu Ende zu gehen, Tages Anzeiger Zürich, 31.1.1998

101 Auch in psychotischen Zuständen werden Pausen vermieden, da sie nicht ausgehalten werden. Die Angst vor der Leere drückt sich zudem in den Darstellungen psychotischer Menschen im Vermeiden von Zwischenräumen aus. Wir sehen das z.B. beim Maler Adolf Wölfli.

102 Mündliche Mitteilung

103 Der Ursprung der Vier-Elementen-Lehre führt ins alte Ägypten, wo Hermes Trismegistos erstmals diese Einteilung an der Bevölkerung vorgenommen hatte. Erst der griechische Arzt Hippokrates erschloss dieses Wissen für eine breite Bevölkerungsschicht.

104 [Jung 1971]. Dort Definition von «Empfindung»

105 [Riemann, 1981]

106 Jitka Roth-Slavik und Heidi Werder haben in Seminarien am C.G. Jung Institut, Küsnacht die Auswirkungen der Riemannschen Typologie auf die psychotherapeutische Arbeit zur Diskussion gestellt, 2000

107 [Schlegel, 1959]

108 [Reich, 1975]

109 s. o.

110 Oft wird in der Lebensmitte die typologische Einseitigkeit aufgehoben. Die bis dahin nicht gelebten Verhaltensweisen dringen ins Bewusstsein.
Diese Entwicklung wurde von anderen Autoren bereits ausführlich erforscht und beschrieben. C.G.Jung beispielsweise schildert, wie vernachlässigte Funktionen in der Lebenswende zu Trägern des Neuen werden können. Wir gehen hier nicht weiter darauf ein.

111 [De Mello, 1993]

112 [Beit, 1997], [Kast, 1993]

113 Die drei Federn, in [Grimm und Grimm, 1946]

114 Weitere Killersätze:
– So haben wir das früher nicht gemacht.
– Es ist interessant. Aber dafür fehlt uns die Zeit.
– Das haben wir doch auch schon versucht.
– Weshalb etwas ändern? Bis jetzt hat es ja funktioniert.
– Dazu sind wir jetzt noch nicht in der Lage.
– Das ist doch alles viel zu theoretisch.
– Wenn das funktionieren würde, wäre sicher schon früher jemand auf diese Idee gekommen.
– Das ist doch längst überholt.
– Das ist doch viel zu modern
– Darüber sollten wir ein anderes Mal grundsätzlich reden.
– Ich sehe ihr Problem nicht!
– Die Idee ist gut. Aber wir haben doch gar kein Geld...
– Denk doch an unsere Ressourcen!
– Das müsste man professionell aufziehen, damit daraus etwas wird.
– Seien wir ehrlich: das ist nicht umsetzbar.
– Das hat doch schon beim letzten Mal nicht funktioniert.
– Das ist nicht realistisch.

– Da müsste der Vorstand erst einmal...
– Interessant. Wir sollten es einmal durch-
diskutieren, vielleicht in drei Monaten...
– Dafür sind die Fachleute zuständig.
– Mit den jetzigen Mitarbeitern lässt sich
das sowieso nicht umsetzen.
– Wir haben doch sonst schon so viele
Projekte.
– Welcher Weltverbesserer ist denn auf
diese Idee gekommen?
– Man weiss doch, dass das nicht
so einfach ist.
– Dazu müssten wir eine Arbeitsgruppe
bilden.
– Warten wir doch erst einmal die
Entwicklung ab.
– Die werden denken, wir spinnen!
– Du mit Deinen Hirngespinsten!
– Das ist doch gegen das Reglement!
– Die Idee ist gut – aber wohin kämen wir,
wenn...
– Das macht bloss viel Arbeit und bringt
nichts.
– Wenn wir so anfangen, wächst uns die
Arbeit über den Kopf.
– Denk bloss einmal daran, dass die Me-
dien davon erfahren könnten...

115 [Rölleke 1975]

116 [Bächtold-Stäubli, 1927-42], Chevalier
und Gheerbrant, 1969], [Herder, 1978]

117 [Jung 1976]

118 «Die verzauberte Kröte» aus
[Tetzner, 1958]

119 Auch in der Alchemie ist es wichtig,
das Geheimnis des Wandlungsgeschehens
zu wahren. Die alchemistischen Philosophen
drücken sich lieber in enigmatischen
Zeichen und Bildern aus, als in Worten.
Bezeichnenderweise wird das Buch aus
dem 16. Jh. über Alchemie «Mutus Liber»,
das stumme Buch genannt.

LITERATUR

Aargauer Kunsthaus (Hrsg): Kreativität, Schule und Gesellschaft. Aarau 1984.

Andina-Kernen A: Über das Entstehen von Symbolen. Basel, Schwabe, 1996.

Angelika Kauffmann und Rom / ein Projekt von Oscar Sandner. Rom, Edizioni de Luca, 1998

Ausländer R: Und nenne Dich Glück. Gedichte, Frankfurt/M., Fischer Taschenbuch, 1994.

Bächtold D: Bilder im Kopf. Sehen und Vorstellen von Objekten aktivieren dieselben Hirnstrukturen. NZZ Nr.146: 765 , 27.6.2001.

Bächtold-Stäubli H (Hrsg): Handwörterbuch des Deutschen Aberglaubens. 10 Bände, Berlin, De Gruyter, 1927-42.

Baeriswil M: Chillout. Wege in eine neue Zeitkultur. München, dtv, 2000

Baumgärtel B (Hrsg): Angelika Kauffmann (1741-1807): «Eine Dichterin mit dem Pinsel». Ostfildern, Hatje Cantz 1998.

Beit, H v: Symbolik des Märchens. Band 2: Gegensatz und Erneuerung im Märchen. Tübingen, Francke, 1997.

Binnig G: Aus dem Nichts. Über die Kreativität von Natur und Mensch. München, Piper 1989.

Cameron J: Der Weg des Künstlers. München, DroemerKnaur, 2003.

Cameron J: Der Weg zum kreativen Selbst. München, Droemer, 1996/99.

Canseliet E: Die Alchemie und ihr stummes Buch (Mutus Liber). Amsterdam, Edition Weber, 1991. Vollständige Wiedergabe der Originalausgabe 1677.

Chevalier J, Gheerbrant A: Dictionnaire des Symboles. Paris, Laffont, 1969.

Ciompi L: Gefühle, Affekte, Affektlogik – ihr Stellenwert in unserem Menschen- und Weltverständnis. Wien, Picus, 2002.

Ciompi Luc: Die emotionalen Grundlagen des Denkens. Entwurf einer fraktalen Affektlogik. Göttingen, Vandenhoek & Ruprecht, 1997.

Ciskszentmihalyi M: Das Flow-Erlebnis. Jenseits von Angst und Langeweile: im Tun aufgehen. Stuttgart, Klett-Cotta, 1985.

Csikszentmihalyi M: Beyond Boredom and Anxiety – The Experience of Play in Work and Games. San Francisco, Jossey-Bass,1975.

Csikszentmihalyi M: Kreativität. Stuttgart, Klett-Cotta, 1997.

Dahlke R: Reise nach Innen. München, Hugendubel, 1994.

Damasio A: Ich fühle also bin ich. Die Entschlüsselung des Bewusstseins. München, List, 2002.

De Mello A: Eine Minute Unsinn. Weisheitsgeschichten, Freiburg/B., Herder, 1993.

De Smedt M: 50 Techniken der Meditation, Freiburg/B., Aurum,1979.

Disler M: Bilder vom Maler. Saarbrücken, AQ-Verlag, 1980.

Doelker C: Ein Bild ist mehr als ein Bild. Stuttgart, Klett-Cotta, 1997.

Edwards B: Drawing on the Right Side of the Brain. Los Angeles, Tarcher, 1979 (deutsch: Garantiert zeichnen lernen Reinbek, Rowohlt, 1982.)

Ehrenzweig A: The Hidden Order of Art. Berkeley/C., University of California Press, 1967.

Ehrenzweig A: The Psycho-Analysis of Artistic Vision and Hearing. London, Routledge Kegan & Paul, 1953.

Eichhorn C: Souverän durch Self-Coaching. Göttingen, Vandenhoeck & Ruprecht, 2000.

Franz M-L v, Hillman J: Zur Typologie C. G. Jungs. Die inferiore und die Fühlfunktion. Fellbach-Offing, Bonz, 1984.

Fuchs B: Suchbild mit Garten. Gedichte. Lüchingen, Kukuruz, 1998.

Gerber G, Sedlak F: Katathymes Bilderleben innovativ. München, Reinhardt, 1994.

Gleick J: Chaos – die Ordnung des Universums. München, Knaur, 1988

Goleman D: Die heilende Kraft der Gefühle. Gespräch mit dem Dalai Lama über Achtsamkeit, Emotion und Gesundheit, Boston, The Mind and Life Institut, 1997.

Goleman D: Emotionale Intelligenz. München, dtv, 1997,

Grimm J, Grimm W: Kinder- und Hausmärchen gesammelt durch die Brüder Grimm. Zürich, Manesse, 1946

Grof C: Sehnsucht nach Ganzheit. München, Kösel, 1993

Grof S und C: Spirituelle Krisen. Chancen der Selbstfindung. München, Kösel1990.

Grof S: Geburt, Tod und Transzendenz. München, Kösel, 1985.

Gronemeyer M: Immer wieder neu oder ewig das Gleiche. Innovationsfieber und Wiederholungswahn. Darmstadt, Primus,, 2000.

Groys B: Über das Neue. Versuch einer Kulturökonomie. Frankfurt/M., Fischer Taschenbuch, 1999.

Gundert W et al.: Lyrik des Ostens München, Hanser, 1952.

Guntern G: Der kreative Weg. Kreativität in Wirtschaft, Kunst und Wissenschaft. Zürich, Moderne Industrie, 1991.

Guntern G: Kreativität und Imagination. Eine Einführung. In: Guntern G (Hrsg): Imagination und Kreativität. Playful Imagination. Zürich, Scalo,1995, pp 7–52.

Haan A: Kreatives Erleben im Psychodrama: Zum Kreativitätsgesetz in der Psychotherapie. Wiesbaden, Deutscher Universitätsverlag, 1992.

Haan A: Kreatives Erleben im Psychodrama: Zum Kreativitätsgesetz in der Psychotherapie. Wiesbaden, Deutscher Universitätsverlag, 1992.

Harlan V: Was ist Kunst? Werkstattgespräch mit Beuys. Stuttgart, Urachhaus, 1986.

Hellmüller A, Mätzler R: Fachdidaktisches Modul zum Begriff Gestaltung. Unveröffentlicht, Nachdiplomstudium Fachdidaktik, Kunst und Gestaltung, Universität Bern, 2000.

Herder Lexikon Symbolik. Bearbeitet von M. Oesterreicher-Mollwo. Freiburg/B., Herder, 1985.

Herrigel E: Zen in der Kunst des Bogenschießens; ed 45. Bern, Barth, 2004.

Hunger H: Lexikon der griechischen und römischen Mythologie mit Hinweisen auf das Fortwirken antiker Stoffe und Motive in der bildenden Kunst, Literatur und Musik des Abendlandes bis zur Gegenwart. Reinbek, Rowohlt, 1974.

Hunger H: Lexikon der griechischen und römischen Mythologie, Reinbek, Rowohlt, 1974.

ICD 10, Internationale Klassifikation psychischer Störungen. Bern, Huber, 1993.

Jacobi J: Die Psychologie von C.G. Jung. Olten, Walter, 1971.

Jacoby M: Individuation und Narzissmus. Die Psychologie des Selbst bei C. G. Jung und H. Kohut. Stuttgart, Klett-Cotta, 1985.

Jacoby M: Scham-Angst und Selbstwertgefühl. Düsseldorf, Walter, 2000.

Jacoby M: Zur Gegenwart der Musen; in Frick E, Huber R (Hrsg): Die Weise von Liebe und Tod. Psychoanalytische Betrachtungen zu Kreativität, Bindung und Abschied. Göttingen, Sammlung Vandenhoeck 1998.

Janet P: Les nevroses. Paris, Flammarion, 1909.

Jung C G: Kommentar zu «Das Geheimnis der goldenen Blüte» in Gesammelte Werke. Band 13. Olten, Walter, 1978.

Jung C G: Symbole der Wandlung. Gesammelte Werke. Band 5: Olten, Walter, 1973.

Jung C G: Über die Energetik der Seele; in Gesammelte Werke Band 8, Olten, Walter, 1976.

Jungbluth V: Denktechniken. Der Weg zum genialen Einfall. c't 1998;20, p 136.

Jungbluth V: Ideenmaschinen. Kreativitätswerkzeuge im Vergleich. c't 1998;20, p 142.

Kankeleit O: Das Unbewusste als Keimstätte des Schöpferischen. Selbstzeugnisse von Gelehrten, Dichtern und Künstlern. München, Reinhardt, 1959.

Kast V: Der schöpferische Sprung. Olten, Walter, 1987.

Kast V: Imagination als Raum der Freiheit. Olten, Walter,1989.

Kast V: Neid und Eifersucht, Die Herausforderung durch unangenehme Gefühle. Olten, Walter, 1996

Kast V: Wege aus Angst und Symbiose. Müchen, dtv, 1993.

Keller A: Irritationen. Diplomarbeit am Didaktischen Institut Solothurn, 2000.

Koeppelin D: Disler-Bildbetrachtung. Kunst-Bulletin des Schweizerischen Kunstvereins, April 1985.

Koukkou, M, Lehmann D: Gehirn – Gedächtnis – Kreativität; in Reising G (Hrsg): Ein träumendes Bewusstsein. Karlsruhe, Staatliche Kunsthalle, 2002, pp. 220–231 & 248–255.

Kruker W: Partner der Innenwelt. Olten, Walter, 1995.

Laotse: Tao te king. Das Buch vom Sinn des Lebens. München, Diederichs, 1978.

Lehmann, D: Zustandsabhängige Hirnarbeit in Makro- und Mikrozuständen während Wachheit und Traum; in Giampieri-Deutsch P (Hrsg):** Psychoanalyse im Dialog der Wissenschaften; Bd. 2: Anglo-Amerikanische Perspektiven. Stuttgart, Kohlhammer, 2004, pp 229–247.

Leuner H: Katathymes Bilderleben. Stuttgart, Thieme, 1988

Margolis H: Logic, Intuition, and Einstein Psycholoquy, 1998, 9;57.

Mehlin U: Kreativität – ein moderner Mythos. Künstlerisches Schaffen aus Jungscher Sicht, Zug, Kugler, 1989.

Meienberg N: Reportagen aus der Schweiz, Vorwort von Peter Bichsel. Zürich, Limmat, 1974

Mönig R: Joseph Beuys: Spiritualität in Kunst, Natur und Politik. Ankündigungstext zur Beuystagung vom 7.–9.3.2003 in Iserlohn

Morgenstern C: Gesammelte Werke. München, Piper, 1984.

Neumann E: Der schöpferische Mensch. Zürich, Rhein-Verlag, 1959.

Neumann E: Die große Mutter. Olten, Walter, 1956.

Otto G: Didaktik der Ästhetischen Erziehung. Braunschweig, Westermann, 1974.

Peez G: Einführung in die Kunstpädagogik. Stuttgart, Kohlhammer, 2005.

Perkins D: Geistesblitze. München, Piper, 2003.

Petzold H, Orth I: Die neuen Kreativitätstherapien. Handbuch der Kunsttherapie, Band 1. Paderborn, Junfermann 1990.

Picasso P: An Marius de Zayas. In «Picasso speaks». New York, «The Arts», 1923.

Picasso P: Über Kunst, Zürich, Diogenes, 1988.

Prenzel M: Sechs Möglichkeiten, Lernende zu demotivieren. In Gruber H, Renkl A (Hrsg): Wege zum Können: Determinanten des Kompetenzerwerbs. Bern, Huber 1997, pp32–43

Reheis F: Die Kreativität der Langsamkeit. Neuer Wohlstand durch Entschleunigung. Darmstadt, Primus 1998.

Reheis F: Entschleunigung – Abschied vom Turbokapitalismus. München, Riemann – Verlagsgruppe Randomhouse, 2003

Reich W (Hrsg): Johannes Brahms. In Dokumenten zu Leben und Werk. Zürich, Manesse, 1975,

Ribi A: Zum Schöpferischen Prozess bei C.G. Jung. Aus den Excerptbänden zur Alchemie, 31.5.1980, p 201 ff.

Riedel I: Maltherapie. Stuttgart, Kreuz, 1992.

Riemann F: Grundformen der Angst. München, Reinhardt, 1981.

Rinne O: Und wer küsst mich, fragt die Muse. Frauen finden ihre eigene Kreativität. Zürich, Kreuz, 1989.

Roob A: Alchemie & Mystik. Das Hermeneutische Museum. Köln, Taschen, 1996

Schaub M: DuMont's Handbuch Kreative Entwurfsarbeit am Computer. Köln, DuMont 1989.

Schlegel L: Vergleichende Tiefenpsychologie. Gedanken zu Riemann Grundformen der Angst. Psyche 1959;13

Schlicksupp H: Innovation, Kreativität und Ideenfindung. Würzburg, Vogel, 1992.

Schlicksupp H: Kreativ-Workshop: Ideenfindungs-, Problemlösungs- und Innovationskonferenzen planen und veranstalten, Würzburg, Vogel, 1993.

Schottenloher G (Hrsg): Wenn Worte fehlen, sprechen Bilder. Bildnerisches Gestalten und Therapie. München, Kösel, 1994.

Selle G: Experiment Ästhetische Bildung. Reinbek, Rowohlt, 1990

Selle G: Gebrauch der Sinne. Eine kunstpädagogische Praxis. Reinbek, Rowohlt, 1988.

Sellnow R: Die mit den Problemen spielen… Ratgeber zur kreativen Problemlösung. Bonn, Stiftung Mitarbeit,1997.

Sprecher J v: Motive aus dem Unbewussten bei Martin Disler. Kunst-Bulletin des Schweizerischen Kunstvereins, Januar 1987.

TetznerL: Märchen. Gesammelt und nacherzählt von Lisa Tetzner. Frankfurt/M., Fischer, 1958.

Urban D: Kreativitätstechniken für Werbung und Design. Düsseldorf, Econ,1993.

Vester F: Denken, Lernen, Vergessen, München, dtv, 1978.

Vickers B (Hrsg): Arbeit, Muße und Meditation. Betrachtungen zur vita activa und vita contemplativa; ed 2, Zürich, Verlag der Fachvereine, 1991.

Visser F: Ken Wilber – Denker aus Passion. Eine Zusammenschau. Petersberg, Via Nova, 2002.

Wanzenried P: Unterrichten als Kunst. Bausteine zu einer ästhetisch-konstruktivistischen Didaktik, Zürich, Pestalozzianum, 2004

Werder H, Schlumpf E: Immer für andere da? Wege aus der Überverantwortlichkeit, München, Kösel, 2000.

Wilhelm R, Jung C G: Geheimnis der goldenen Blüte. Das Buch vom Bewusstsein und Leben. Zürich, Rascher, 1929; Neuauflage München. Diederichs, 2005)

Wilhelmi, C: Handbuch der Symbole in der bildenden Kunst des 20. Jahrhunderts. / Frankfurt/M., Safari bei Ullstein, 1980.

Winnicott DW: Kreativität und ihre Wurzeln – Das Konzept der Kreativität. In Kraft H (Hrsg): Psychoanalyse, Kunst und Kreativität heute. Die Entwicklung der Kunstpsychologie seit Freud. Köln: DuMont, 1984, pp 64 –77.